ALIGERE
SU
EQUIPAJE

Despojémonos de las cargas
que nunca debimos llevar

Max Lucado

Editorial Betania

Betania es un sello de Editorial Caribe

© 2001 Editorial Caribe
Una división de Thomas Nelson, Inc.
Nashville, TN—Miami, FL (EE.UU.

email: editorial@editorialcaribe.com
www.caribebetania.com

Título en inglés: *Traveling Light*
© 2001 Max Lucado
Publicado por W Publishing Group,
una división de Thomas Nelson, Inc.
Nashville, TN, 37214

Traductor: Pedro Vega

ISBN: 0-88113-673-5

Reservados todos los derechos.
Prohibida la reproducción total
o parcial en cualquier forma,
escrita o electrónica, sin la debida
autorización de los editores.

Impreso en EE.UU.
Printed in U.S.A.
6ª Impresión

A mi querido amigo Joey Paul
Que celebra treinta años de trabajo en Word,
en la difusión de la Palabra

Contenido

Reconocimientos   7

1   El Equipaje de la Vida   9

2   El Do Central de la Vida   19
La carga de un dios inferior

3   Lo Haré a Mi Manera   29
La carga de la confianza en sí mismo

4   La Prisión de la Necesidad   39
La carga del descontento

5   Te Haré Descansar   49
La carga del cansancio

6   Los ¿Y si? y los ¿Cómo?   59
La carga de las preocupaciones

7   Allá Afuera hay una Selva   69
La carga de la desesperanza

8   Intercambio Celestial   77
La carga de la culpa

9   Vencerse a Uno Mismo   85
La carga de la arrogancia

10 Te Llevaré al Hogar   95
    La carga del sepulcro

11 Cuando Llega el Dolor   105
    La carga de la tristeza

12 Del Pánico a la Paz   115
    La carga del temor

13 Noches Silenciosas y Días Solitarios   123
    La carga de la soledad

14 El Gallo Cantor y Yo   133
    La carga de la vergüenza

15 Oveja Resbalosa y Heridas Sanadas   143
    La carga de la desilusión

16 Sesión de Mermelada   153
    La carga de la envidia

17 Con Amor nos Busca Dios   163
    La carga de la duda.

18 Casi el Cielo   173
    La carga de la nostalgia por el hogar

    Conclusión   183

    Notas   191

    Guía de estudio   197

Reconocimientos

E stas son algunas palmaditas de gratitud sobre algunos hombros esforzados:

A Liz Heaney y Karen Hill, mis editoras y ayudantes, las parteras del manuscrito. Lamento haber refunfuñado tanto.

A Steve y Cheryl Greenway, mis representantes y mis amigos. Gracias a ustedes, los contratos están listos, las cuentas ya han sido pagadas y este viejo duerme bien por las noches.

A Greg Pruett, traductor bíblico y estudioso del hebreo. Gracias por sus valiosas y brillantes ideas.

A Eugene Peterson, traductor bíblico, autor y héroe de muchos. Gracias por permitirme usar el título. Por sobre todo, gracias por compartir tu corazón.

A Steve Halliday, autor de guías de estudio por excelencia.

A mis amigos de Word Publishing. Nuevamente ustedes son lo mejor.

A Laura Kendall y Carol Bartley, grandes investigadoras del idioma inglés. Gracias porque me hacéis parecer inteligente.

A Jenna, Andrea y Sara mis deliciosas hijas. No podría estar más orgulloso.

A Denalyn, mi esposa de dos décadas. Antes de que nacieras, ¿en qué se inspiraban los poetas?

A usted, lector. Que el verdadero Autor le hable.

Y por sobre todo, a ti, Jesús. La única razón por la que podemos desprendernos de la carga es porque estás dispuesto a llevarla. Para ti la totalidad de los aplausos.

1

El Equipaje de la Vida

N unca he sido un viajero de equipaje liviano.

Lo he intentado. Créanme, lo he intentado. Pero desde que levanté tres dedos e hice la promesa como *Boy Scout* de estar siempre preparado, he estado decidido a estar exactamente así: preparado.

Preparado para un *bar mitzvah*, la dedicación de un bebé o una fiesta de disfraces. Listo para lanzarme en paracaídas tras las líneas del enemigo o participar en un campeonato de cricquet. Y si por casualidad me encuentro con el Dalai Lama en mi vuelo y me invita a cenar en el Tibet, llevo los zapatos de nieve. Uno tiene que estar preparado.

No sé viajar con una carga liviana.

En realidad, hay muchas cosas acerca de viajar que yo no sé. No sé interpretar las restricciones de un asiento supereconómico: *a mitad de precio si viaja el miércoles durante la temporada de caza del pato y regresa durante la luna llena en un año en que no hay elecciones*. No sé por qué no construyen todo el avión del mismo metal que usan para fabricar la pequeña caja negra. No sé como salir del toilet del aeroplano sin sacrificar una de mis extremidades en las fauces de la puerta plegadiza. Y no sé qué responder al taxista en Río que al saber que soy americano me pregunta si conozco a su primo Eddie que vive en los Estados Unidos.

Hay mucho acerca de los viajes que yo no sé.

No sé por qué los hombres preferirían limpiar los dientes de un cocodrilo con seda dental en vez de preguntar una dirección. No sé por qué no se usan las diapositivas de las vacaciones para curar el insomnio, y no sé cuándo aprenderé a no comer platos cuyos nombres no puedo pronunciar.

Pero, por sobre todo, no sé viajar con una carga ligera.

No sé viajar sin barras de cereal, sodas y un equipo para la lluvia. No sé viajar sin linternas, sin un generador, y sin un sistema global de rastreo. No sé viajar sin una caja frigorífica con salchichas vienesas. ¿Qué hago si de repente me encuentro en medio de un asado en el patio de una casa? ¡No llevar nada en un caso así sería falta de cortesía!

Cada compañía de catálogos de viajes tiene el número de mi tarjeta de crédito. Tengo una plancha que me sirve también de pisapapel, un secador de pelo del tamaño del silbato de un entrenador, un cortaplumas del ejército suizo que se expande y se transforma en una tienda de campaña, y un par de pantalones que se inflan ante un impacto. (En un vuelo, Denalyn, mi esposa, me dio una palmadita en la pierna, y luego yo no podía salir de mi asiento.)

No sé viajar con poca carga. Pero necesito aprender a hacerlo. Denalyn se niega a tener más hijos aunque las líneas aéreas permitan que cada pasajero lleve tres valijas controladas y dos bolsas de cabina.

Necesito aprender a viajar con poco equipaje.

Usted se preguntará por qué no puedo. «¡Tranquilo!» piensa usted. «Con tanta impedimenta no puedes disfrutar tu viaje. ¿Por qué simplemente no sueltas ese equipaje?»

Es curioso que me lo pregunte. Me gustaría hacerle la misma pregunta. ¿No se ha dado cuenta que lleva unas cuantas bolsas? ¡Apuesto a que lo hizo esta mañana! En algún punto entre el primer paso al salir de la cama y el último al salir de casa, tomó algún equipaje. Caminó hasta la estera del equipaje y tomó su carga. ¿No recuerda haberlo hecho? Es porque lo hizo sin pensar; automáticamente. No recuerda haber visto una cinta transportadora. Es porque no es la del aeropuerto; esta otra está en la mente. Las valijas que llevamos no son de cuero; están hechas de cargas. La maleta de la culpa. Llevas un talego de descontento en un hombro y una bolsa de mano llena de penas en el otro. Agréguese a esto una mochila de dudas, un saco de dormir de soledad y un baúl de temores. Pronto estará llevando más cargas que un maletero de aeropuerto. No es extraño que al final del día esté tan cansado. Arrastrar equipaje es agotador.

Lo que usted me decía Dios se lo dice a usted: ¡Deja todo eso! ¡Llevas cargas que no necesitas llevar!

«Venid a mí», invita, «todos los que estáis trabajados y cargados, y yo os haré descansar» (Mateo 11.28).

Si lo dejamos entrar, Dios aligerará nuestras cargas... pero, ¿cómo podemos hacerlo? Vamos a invitar a un antiguo conocido nuestro para que nos lo muestre. Se trata del Salmo 23:

Jehová es mi pastor; nada me faltará.
En lugares de delicados pastos me hará descansar;
Junto a aguas de reposo me pastoreará.
Confortará mi alma;
Me guiará por sendas de justicia por amor de su nombre.

Aunque ande en valle de sombra de muerte,
No temeré mal alguno, porque tú estarás conmigo;
Tu vara y tu callado me infundirán aliento.

Aderezas mesa delante de mí en presencia de mis angustiadores;

Unges mi cabeza con aceite, mi copa está rebosando.

Ciertamente el bien y la misericordia me seguirán

    todos los días de mi vida,

Y en la casa de Jehová moraré por largos días.

¿Existen palabras más amadas? Enmarcadas y colgadas en los pasillos de los hospitales, garabateadas en las paredes de las prisiones, citadas por los jóvenes y susurradas por los moribundos. En estas líneas los marineros han encontrado un puerto, los miedosos hallan un padre, y los que luchan han encontrado un aliado.

Y como es un pasaje profundamente amado, se le conoce ampliamente.¿Puede encontrar un oído hasta el que no hallan llegado estas palabras? Un centenar de canciones reproducen sus palabras, ha sido traducido a mil lenguas, se ha domiciliado en un millón de corazones.

Uno de ellos puede ser el suyo. ¿Cuánta familiaridad siente con esas palabras? ¿Hasta dónde lo transportan esos versículos? ¿Al calor de un hogar? ¿Junto a su cama? ¿Junto a un sepulcro?

Difícilmente pasa una semana sin que yo no me dirija a ellos. Este pasaje es al ministro lo que el bálsamo es al médico. Recientemente lo apliqué al corazón de un querido amigo. Llamado a su casa con las palabras *los médicos le dan unos pocos días de vida,* lo miré y entendí. Rostro pálido. Labios extendidos, resecos y arrugados. La piel le colgaba entre los huesos, como la tela cuelga entre los rayos de un paraguas viejo. El cáncer ya le había quitado mucho: el apetito, las fuerzas, sus días. Sin embargo, no le había tocado la fe. Acerqué una silla a su cama y le estreché la mano, y le dije con voz suave:

«Bill, "Jehová es mi pastor; nada me faltará"». Él giró hacia mí la cabeza, como para acoger mis palabras.

«En lugares de delicados pastos me hará descansar; junto a aguas de reposo me pastoreará; confortará mi alma; me guiará por sendas de justicia por amor de su nombre».

Cuando iba a decir el cuarto versículo, temiendo que no me oyese, me acerqué a unos cinco centímetros de su oído y dije:

«Aunque ande en valle de sombra de muerte, no temeré mal alguno, porque tú estarás conmigo; tu vara y tu cayado me infundirán aliento».

No abrió los ojos, pero arqueó las cejas. No habló, pero sus flacos dedos envolvieron mi mano, de modo que me pregunté si el Señor le estaría ayudando a dejar una carga: el temor de morir.

¿Tiene usted una carga propia? ¿Cree que Dios podría usar el salmo de David para aligerarla? *Aligerar su equipaje significa encargar a Dios las cargas que usted nunca debió llevar.*

¿Por qué no intenta un viaje liviano? Hágalo por amor a sus seres queridos. ¿Ha considerado el impacto que el exceso de equipaje tiene sobre sus relaciones? Hemos tocado este punto en nuestra iglesia por medio de un drama. Se representa una boda en que podemos oír los pensamientos de la novia y del novio. Entra el novio muy cargado con su equipaje. Por todo el contorno de su cuerpo se pueden ver bolsos. Cada bolso lleva una etiqueta: culpa, ira, arrogancia, inseguridad. Este tipo está cargado. Mientras espera de pie ante el altar, la audiencia oye lo que piensa: *Por fin una mujer me ayudará a llevar todas mis cargas. Es tan fuerte, tan estable, tan...*

Mientras continúan sus pensamientos, comienzan los de ella. Entra con un vestido de boda, pero, como su novio, está cubierta de equipaje. Arrastra una maleta con ruedas, de un hombro cuelga un bolso y un neceser para maquillaje; en bolsas de papel lleva cuanto pueda imaginar y cada cosa con su etiqueta. Ella lleva sus bolsos personales: prejuicios, soledad, desilusiones. ¿Cuáles son sus expectativas? Escuchemos lo que piensa:

Unos pocos minutos y tendré mi hombre. Se acabaron las consejerías. No más sesiones de grupo. Adiós desalientos y preocupaciones. Ya no los veré más. Él me lo solucionará todo.

Por fin están ante el altar, perdidos en una montaña de equipaje. Sonríen durante la ceremonia, pero cuando llega el momento de dar el beso, no pueden. ¿Cómo abrazas a otra persona si tienes los brazos llenos de bolsas?

Por amor a los que ama, aprenda a ponerlas en el piso.

Por amor al Señor a quien sirve, haga lo mismo. Usted sabe que Él quiere usarle. Pero, ¿cómo podría si usted está exhausto? Esta verdad se me aclaró ayer en la tarde cuando salí a correr. Mientras me preparaba para correr, me costó decidir qué debía ponerme. Había sol, pero el viento era helado. El cielo estaba claro, pero el pronóstico del tiempo anunciaba lluvia. ¿Una capa o una casaca? El explorador que tengo dentro prevaleció. Me puse ambas cosas.

Tomé mi radiocasete portátil pero no pude decidir qué cinta iba a llevar. ¿Sermón o música? Sí, adivinó; llevé ambas cintas. Para mantenerme en contacto con mis hijos llevé un celular. Para que nadie me robara el auto, puse las llaves en el bolsillo. Como precaución por si me daba sed, eché unas cuantas monedas también en el bolsillo. Ahora parecía más una mula de carga que un corredor. Había corrido unos ochocientos metros (más o menos media milla) cuando tuve que sacarme la casaca y la escondí en un arbusto. Esa clase de peso le reduce la velocidad.

Lo que ocurre cuando uno sale a correr vale también para la fe. Dios tiene una gran carrera para que usted la corra. Bajo su cuidado, irá donde nunca ha estado y servirá de un modo que nunca soñó. Pero tiene que deshacerse de todo peso. ¿Cómo podría difundir gracia si está lleno de culpa? ¿Cómo ofrecer consuelo si está desalentado? ¿Cómo puede levantar la carga de otro si sus brazos están cargados con su propia carga?

Por amor a los que ama, aligere su equipaje.

Por amor al Dios que sirve, aligere su equipaje.

Por amor a su propio gozo, aligere su equipaje.

En la vida hay pesos que usted simplemente no puede llevar. Su Señor le pide que baje su carga y confíe en Él. Él es el padre en el lugar donde se reclama el equipaje. Cuando un padre ve a su hijo de cinco años que trata de arrastrar y sacar del carrusel el baúl de la familia, ¿qué dice? El padre dirá a su hijo lo que Dios le dice a usted.

«Deja, hijo mío. Yo lo llevaré».

¿Qué le parece si le tomamos a Dios su palabra en esta oferta? Podríamos encontrarnos más livianos en nuestro viaje.

Digamos de paso que he exagerado mis problemas con el equipaje. (Generalmente no llevo zapatos para la nieve). Pero no puedo exagerar la promesa de Dios: «Echando toda vuestra ansiedad sobre él, porque él tiene cuidado de vosotros» (1 Pedro 5.7).

2

El Do Central de la Vida

La carga de un dios inferior

Jehová...
SALMO 23.1

E stoy a unos dos metros de un águila. Tiene las alas extendidas, y las garras levantadas por sobre la rama. Plumas blancas coronan su cabeza, y sus ojos negros me miran desde ambos lados de su pico dorado. Está tan cerca que podría tocarla. Tan cerca que podría acariciarla. Solo con empinarme y estirar el brazo, podría cubrir la corona del águila con mi mano.

Pero no, no la toco. ¿Por qué? ¿Le tengo miedo?

No. No se ha movido en dos años. Cuando abrí la caja, me impresionó. Cuando la puse en la repisa, la admiré. Las águilas artificiales son hermosas por un momento, pero pronto te cansas de verlas.

A David le preocupa que usted y yo cometamos el mismo error con Dios. Su pluma apenas ha tocado el papiro, y ya exhorta que evitemos a los dioses de confección humana. Con sus primeras palabras en este salmo, David procura liberarnos de la carga de una divinidad inferior.

Alguien podría decir que no procura hacer nada más. Aunque habla de delicados pastos, su tesis no es el ocio. Describe el valle de sombra de muerte, pero su poema no es una oda a la muerte. Habla de la morada eterna de Dios, pero su tema no es el cielo. ¿Por qué David escribió el Salmo 23? Para fortalecer nuestra confianza en Dios; para recordarnos quién es Él.

En este salmo David dedica noventa y ocho palabras para explicar la primera: Jehová.[1] Respecto al equipaje innecesario, el salmista comienza con el más pesado: el dios remodelado. Un dios que luce bien pero hace poco. Dios como...

Un genio en una botella. A nuestro alcance. Afable. ¿Necesita un estacionamiento, una cita, un gol a favor o que se yerre un penal? Frote la botella y *¡paf!,* lo tiene. Y lo mejor de todo es que este dios vuelve a entrar en la botella cuando termina.

Un dulce abuelo. Tan tierno. Tan sabio. Tan cariñoso. Pero tan, tan, tan viejo. Despiertos, los abuelos son una gran cosa, pero cuando los necesitas están durmiendo.

Un padre atareado. Sale los lunes y regresa los sábados. Muchos viajes y muchas reuniones de negocios. Aparece el domingo, así que límpiate y muéstrate espiritual. El lunes, sé otra vez como eres. Él nunca se dará cuenta.

¿Ha tenido estas opiniones de Dios? En caso positivo, ya conoce los problemas que causan. El padre ocupado no tiene tiempo para sus preguntas. El abuelo bondadoso es demasiado débil para llevar su carga. Si es el genio de la botella, usted es más poderoso que él. Él tiene que ir y venir según usted lo ordene.

Esto me recuerda un maletín que tengo. Aunque me gustaría culpar al vendedor, no puedo hacerlo. La compra fue decisión mía. Claro que él la facilitó. No necesitaba un nuevo maletín. El que tenía era hermoso. Un poco rayado y deteriorado, pero bueno. La pintura de la cremallera ya se había desgastado, y los bordes estaban deteriorados, pero el maletín era bueno.

¡Ah!, pero este nuevo, para usar las palabras del muchacho estudiante de la tienda de cueros, era *realmente hermoso*. Cargado de virtudes: esquineros de cobre, cuero de España y, por sobre todo, un nombre italiano cerca de la agarradera. El vendedor recitó su libreto, me pasó el maletín, y le compré ambas cosas.

Salí de la tienda con un maletín que habré usado un par de veces. ¿Qué estaba pensando? Tiene tan poca capacidad. Mi viejo maletín no tiene esquinas de cobre, pero tenía un vientre como una ballena blanca. El nuevo me recuerda un modelo de gran estilo: delgado, rígido, hermético. Un libro y un diario, y este maletín italiano queda *«lleníssimo»*.

Hermoso, pero nada resuelve.

¿Es ese el tipo de Dios que quiere? ¿Es el tipo de Dios que tenemos?

La respuesta de David es un resonante no. «¿Quiere de veras saber quién es Dios?», pregunta. «Entonces lea esto».Y escribe el nombre *Jehová*: «Jehová es mi Pastor».

Aunque extraño para nosotros, el nombre estaba cargado de significado para David. Tan cargado, que David eligió *Jehová* por sobre *El-Shaddai* (Dios Todopoderoso), *El Elyon* (Dios Altísimo) y *El Olam* (Dios Eterno). Estos y muchos otros títulos divinos estaban a disposición de David. Pero al considerar todas las opciones, eligió *Jehová*.

¿Por qué *Jehová?* Porque *Jehová* es el nombre de Dios. Me puede llamar predicador, escritor, o malo para el golf. Son descripciones exactas, pero no son mi nombre. Yo puedo llamarlo a usted papá, mamá, doctor o estudiante, y esas palabra pueden ser su descripción , pero no son su nombre. Si me quiere llamar por mi nombre, dígame *Max*. Si quiero llamarle por su nombre, lo digo. Si quiere llamar a Dios por su nombre, dígale *Jehová*.

Dios nos ha dicho su nombre. (¡Cuánto anhelo tendrá de estar cerca de nosotros!)

Moisés fue el primero en aprenderlo. Siete siglos antes de David, aquel pastor octogenario cuidaba sus ovejas cuando un arbusto se puso a arder espontáneamente y su vida comenzó a cambiar. Se le dijo a Moisés que volviera a Egipto y rescatara a los hebreos esclavizados. Puso más excusas que un niño a la hora de ir a la cama, pero Dios las objetó. Finalmente Moisés preguntó:

«He aquí que llego yo a los hijos de Israel, y les digo: El Dios de vuestros padres me ha enviado a vosotros. Si ellos me preguntaren ¿Cuál es su nombre?, ¿qué les responderé?».

Entonces Dios respondió a Moisés: «YO SOY EL QUE SOY. Y dijo: Así dirás a los hijos de Israel: YO SOY me envió a vosotros» (Éxodo 3.13-14).

Después Dios recordaría a Moisés: «Yo soy JEHOVÁ. Y aparecí a Abraham, a Isaac y a Jacob como Dios Omnipotente, más en mi nombre JEHOVÁ no me di a conocer a ellos» (Éxodo 6.2-3).

Los israelitas consideraban el nombre demasiado santo para ser pronunciado por labios humanos. Cuando necesitaban decir Jehová, sustituían la palabra por *Adonai*, que significa Señor. Si era necesario escribir el nombre, los escribas se bañaban antes de escribirlo, y luego destruían la pluma.[2]

Dios nunca dio una definición de la palabra *Jehová*, y Moisés nunca la pidió. Muchos eruditos quisieran que lo hubiera hecho, porque el estudio del nombre ha suscitado algunas discusiones saludables.

El nombre YO SOY suena muy parecido al verbo hebreo *ser* = *havah*. Es muy probable que se trate de una combinación de la forma del tiempo presente (Yo soy) y el tiempo causativo (Yo hago ser). Jehová, entonces, parece significar «YO SOY» y «Yo causo». Dios es «El que es» y «El que causa».

¿Por qué es eso importante? Porque necesitamos un Dios grande. Si Dios es «El que es», es un Dios inmutable.

Piense al respecto. ¿Conoce a alguien que ande diciendo «yo soy»? Yo tampoco. Cuando decimos «Yo soy» agregamos otra palabra: «yo soy *feliz*»; «Yo soy *fuerte*»; «Yo soy alegre»; «Yo soy Max». Sin embargo, Dios declara resueltamente «Yo soy» sin agregar nada más.

«¿Qué eres?», queremos preguntar. «Yo Soy», responde. No necesita añadir una palabra descriptiva porque Él nunca cambia. Dios es el que es. Es lo que siempre ha sido. Su inmutabilidad mueve al salmista a declarar: «Pero tú eres el mismo» (Salmo 102.27). El escritor quiere decir: «Tú eres el que eres. Nunca cambias».[3] Jehová es un Dios inmutable.

Tampoco es un Dios causado.

Aunque es Creador, nunca fue creado. Aunque hace, nunca fue hecho. Aunque causa, nunca fue causado. Esto explica la proclamación del salmista: «Antes que naciesen los montes Y formases la tierra y el mundo, desde el siglo y hasta el siglo, tú eres Dios» (Salmo 90.2).

Dios es Jehová, Dios inmutable, Dios no causado, Dios no gobernado.

A usted y a mí nos gobiernan. El clima dicta lo que debemos usar. El terreno decide cómo hemos de viajar. La gravedad dicta nuestra velocidad, y la salud determina nuestra fuerza. Podemos desafiar tales fuerzas y alterarlas levemente, pero no podemos eliminarlas.

Dios nuestro Pastor no regula el clima; lo hace. No desafía la gravedad; la creó. Su salud no se ve afectada; no depende de un cuerpo. Jesús dijo: «Dios es Espíritu» (Juan 4.24). Puesto que no tiene cuerpo, no tiene limitaciones. Está activo lo mismo en Cambodia que en Connecticut. «¿A dónde me iré de tu Espíritu? ¿Y a dónde huiré de tu presencia?» pregunta David. «Si subiere a los cielos, allí estás tú; Y si en el Seol hiciere mi estrado, he aquí allí tu estás» (Salmo 139.7-8).

Inmutable. No causado. No gobernado. Estas son sólo una fracción de las cualidades de Dios, pero ¿no bastan para darle una visión de su Padre?¿No necesitamos esta calidad de Pastor? ¿No necesitamos un Pastor inmutable?

Cuando estaba en la universidad, Lloyd Douglas, autor de *El manto sagrado* y otras novelas, vivía en una pensión. En el primer piso vivía un profesor de música retirado, confinado a una silla de ruedas. Cada mañana Douglas pegaba su cabeza a la puerta del departamento del profesor y hacía la misma pregunta: Bien, ¿cuál es la buena noticia? El anciano tomaba su diapasón, y decía:

Este es el do central. Fue el do central ayer; será el do central mañana; y será el do central dentro de mil años. El tenor del segundo piso canta en bemol. El piano al otro lado del pasillo está desafinado, pero, amigo mío, este es el do central.[4]

Usted y yo necesitamos un Do central. ¿No ha tenido demasiados cambios en su vida? Las relaciones cambian. La salud cambia. El tiempo cambia. Pero el Jehová que gobierna la tierra hoy es el mismo que la gobernaba anoche. Las mismas convicciones. El mismo ánimo. El mismo amor. Él nunca cambia. No puede alterar a Dios más que una piedrecilla puede alterar el ritmo del océano Pacífico. Jehová es nuestro Do central. Un punto permanente en un mundo cambiante. ¿No necesitamos un punto estable? ¿No necesitamos un pastor inmutable?

De la misma manera necesitamos un pastor que no sea causado. Nadie sopló aliento de vida en Jehová. Nadie ha sido señor de Él. Nadie lo dio a luz. Nadie lo causó. Ningún acto lo hizo aparecer.

Como ningún acto lo hizo aparecer, ningún acto lo puede hacer desaparecer. ¿Teme a los terremotos? ¿Tiembla ante un tornado? Imposible. Jehová duerme en las tormentas y calma los vientos con su palabra. El cáncer no lo ataca, y los cementerios no lo descomponen. Él ya estaba antes que tales cosas llegaran. Él no es causado.

Y no es gobernado. Los consejeros pueden consolarle en la tormenta, pero usted necesita un Dios que pueda *calmar* la tormenta. Los amigos pueden sostenerle la mano en el lecho de muerte, pero usted necesita un Jehová que haya vencido al sepulcro. Los filósofos pueden discutir el significado de la vida, pero usted necesita un Señor que declare el significado de la vida.

Necesita a Jehová.

No necesita lo que Dorothy encontró. ¿Recuerda su descubrimiento en *El maravilloso mago de Oz*? ¡Ella y su trío siguieron el camino de adoquines amarillos sólo para descubrir que el mago era un debilucho! Nada sino humo, espejos y el estruendo de un tambor de hojalata. ¿Es ese el tipo de Dios que necesita?

No necesita llevar la carga de un Dios inferior... un dios en un anaquel, un dios en una caja, un dios en una botella. No, necesita un Dios que pueda colocar cien mil millones de estrellas en nuestra galaxia y cien mil millones de galaxias en el universo. Necesita un Dios que pueda convertir dos puñados de carne en 75 o 100 mil millones de células nerviosas, cada una de ellas con más de 10 mil conexiones a otras celulas nerviosas, ubicarlas en un cráneo y llamarle a eso cerebro.[5]

Y necesita un Dios que, a pesar de ser inconcebiblemente poderoso, puede venir en la suavidad de la noche y tocarlo con la ternura de una nevada de abril.

Necesita un Jehová.

Y, según David, ya tiene uno. Él es su Pastor.

3

Lo Haré a Mi Manera

La carga de la confianza en sí mismo

Jehová es mi pastor

SALMO 23.1

¿**D**ice que puede manejar un palo de golf como Tiger Woods? Es mucho decir.

¿Espera marcar un gol como Joe Montana? Tendrá que esforzarse mucho.

Y usted, señorita, ¿aspira llegar a ser la próxima Mía Hamm? Me alegro.

¿Y yo? Bueno, en realidad hay un individuo que ha captado mi atención. Hace que me acuerde de mí. Probablemente nunca lo ha oído nombrar. ¿Vio el Abierto de Gran Bretaña de 1999? ¿Sí, el de Carnoustie, Escocia? ¿Recuerda al jugador que tenía siete golpes a favor para el último hoyo?

Ese mismo, el francés. Jean Van de Velde. Estaba a seis golpes y 480 yardas de un campeonato de gran importancia, todo un fajo de billetes, y un lugar en la historia. Todo lo que necesitaba era marcar un seis en un hoyo de a cuatro.

Yo podría tirar un seis en un hoyo de a cuatro. Mi madre podría hacer un seis en un hoyo de a cuatro. Este tipo podría tirar un seis con una espumadera y una banana. Díganle al que graba los trofeos que caliente más su pluma y practique su «V». Necesitará dos para escribir «Jean Van de Velde».

Es cierto que el hoyo no era fácil. Estaba cortado tres veces por un arroyuelo, que en realidad era pantanoso. No sude. Haga tres tiros cortos... golpee la bola tres veces si es necesario. Tome un seis, gane el hoyo, y sonría para las cámaras. Además hay viento, y el riachuelo es poco profundo. No le coquetee.

Ah, pero a los franceses les gusta coquetear. Van de Velde saca su madera uno, y en alguna parte en Des Moines un aficionado sentado en su sillón, seducido por la idea de dormir debido a la ventaja de siete golpes, abre un ojo. *¿Tomó la madera uno?*

El *caddie* era un parisino de treinta años llamado Cristofer con un inglés no muy pulcro, con una barbita que parecía pincel de pintor, y pelo blanquecino bajo su gorro. «Pienso que él y yo quegríamos segr espectaculagres», confesó más tarde.

Van de Velde lanza la bola a medio camino de la torre de Eiffel. Ahora tiene 240 yardas hasta el césped, con nada más que hierba larga y angustias en medio. Es seguro que hará un tiro corto para regresar a la calle.

La lógica dice: «No busques el césped».

Golf 101 dice: «No busques el césped».

Todos los escoceses en la galería dicen: «Hey, muchacho, no busques el césped».

Van de Velde dice: «Buscaré el césped».

Saca un fierro dos, y el golfista del sillón en Des Moines abre el otro ojo: *¿Un fierro dos? ¡Quizás si tienes la te en la playa y quieres alcanzar el Caribe!* Los espectadores están en silencio. La mayoría por respeto. Unos pocos oran. El fierro dos de Van de Velde se convierte en un fierro ¡hacia adelante! *juák, clang, plop.* La bola hace carambola en las tribunas y desaparece en el pantano que tiene una vegetación tan alta como para ocultar un duende del césped.

Su mentira hubiera hecho crecer la nariz de Pinocho. El siguiente tiro cae en el agua y el siguiente en la arena. Balance de daño, ha recibido cuatro golpes y una penalización. Ha gastado cinco y no se encuentra en el césped. Adiós a ganar el hoyo. Ahora está orando por un siete y un empate. Para gran alivio del mundo civilizado, Van de Velde hace el siete. Usted se preguntará si alguna vez se recuperó del riachuelo. Perdió el partido.

El golf, como los *shorts* de nylon, revela mucho sobre una persona. Lo que el hoyo 18 reveló sobre Van de Velde hace que me acuerde de mí mismo.

Yo he hecho lo mismo. Todo lo que necesitaba era un fierro cinco, pero tuvo que sacar el madera uno. O, en mi caso:

Todo lo que necesitaba era pedir perdón, pero me puse a discutir.

Todo lo que necesitaba era oír, pero tuve que abrir la bocaza.

Todo lo que necesitaba era ser paciente, pero tuve que tomar el control.

Todo lo que tenía que hacer era dejárselo a Dios, pero traté de arreglarlo por mí mismo.

¿Por qué no dejar el palo uno en la bolsa? Sé lo que habría respondido el caddie Cristofer: «Creo que él y yo y Max quegríamos segr espectaculagres».

Mucha soberbia. Demasiada independencia. Demasiada confianza en mí mismo:

No me hace falta tu consejo: *Juáck*

Esto lo manejo yo solo: *Clang*.

No necesito un pastor, gracias: *Plop*.

¿Puede identificarse con esto? ¿Somos Jean y yo los únicos que convertimos en himno la famosa canción de Sinatra «A mi manera»? ¿Somos los únicos dos que arrastramos de aquí para allá el cofre de hierro de la confianza propia? No creo.

Los humanos queremos hacer las cosas a nuestra manera. Olvidamos la vía sencilla. Olvidamos el camino común. Olvidamos el mejor método. Olvidamos el camino de Dios. Queremos hacer las cosas a *nuestra* manera. Y según la Biblia ese es exactamente nuestro problema. «Todos nosotros nos descarriamos como ovejas; cada cual se apartó por su camino» (Isaías 53.6).

Nos cuesta pensar que una oveja sea obstinada. De todos los animales de Dios es el menos capaz de cuidarse.

¡Las ovejas son tontas! ¿Ha conocido algún adiestrador de ovejas? ¿Ha visto una oveja que haga cosas entretenidas? ¿Sabe de alguien que haya enseñado a su oveja a retozar? ¿Ha visto un circo que anuncie a «Mazadon y su oveja saltarina»? No. Son muy tontas.

También son indefensas. No tienen colmillos ni garras. No te pueden morder ni correr más que tú. Por eso nunca vemos que una oveja sea la mascota de un grupo. Hemos oído de los Carneros (*Rams*) de San Luis, de los Toros (*Bulls*) de Chicago y de los Halcones marinos (*Seahawks*) de Seattle, pero ¿qué de las Ovejas de Nueva York? Quién quiere ser oveja? Ni siquiera podrías lograr un grito decente para la barra.

Somos las ovejas, sí, sí, sí.
Ni siquiera un pío de nosotros vas a oír.

La victoria es tuya, la vas a conseguir
Pero ponte a contarnos si quieres dormir.

Peor aun, las ovejas son sucias. Un gato se limpia. También el perro. Vemos las aves que se bañan o un oso en el río. Pero, ¿una oveja? Se ensucian y así se quedan.

¿No podría David haber pensado en una mejor metáfora? ¡Claro que sí! Después de todo superó a Saúl y abatió a Goliat. ¿Por qué no eligió algo otra cosa que no fuera la oveja?

Algo como:

«Jehová es mi comandante en jefe, y yo soy su soldado». Eso nos gustaría más. El guerrero recibe un uniforme y un arma, y quizás una medalla.

O, «Jehová es mi inspiración y yo su cantor». Estamos en el coro de Dios; ¡qué tarea tan halagadora!

O, «Jehová es mi rey y yo su embajador». ¿Quien no querría ser portavoz de Dios?

Cuando habla el embajador, todos callan. Todos escuchan cuando cantan los trovadores de Dios. Todos aplauden cuando pasa el guerrero de Dios.

Pero, ¿quién se da cuenta cuando aparece la oveja de Dios? ¿Quién nota cuando la oveja canta, habla o actúa? Sólo una persona lo nota. El pastor. Y ese es exactamente el punto de David.

Cuando David, que era un guerrero, cantor y embajador de Dios, buscaba una ilustración de Dios, recordó sus días como pastor. Recordó su atención preferente por las ovejas día y noche. Recordó cómo dormía con ellas y las cuidaba..

Su cuidado por las ovejas le hizo recordar el cuidado de Dios por nosotros. David se regocijaba al decir: «Jehová es mi pastor», y al hacerlo orgullosamente daba por entendido, «y yo soy su oveja».

¿Se siente aún incómodo con que lo consideren una oveja? Présteme su buen humor y ayúdeme en una simple encuesta. Vea si tiene éxito con la confianza en sí mismo. Levante la mano derecha si alguna de la siguientes afirmaciones lo describen:

Puede controlar su buen ánimo. Nunca está malhumorado ni resentido. No puede identificarse con Jekyll y Hyde. Siempre está optimista y erguido. ¿Esto le describe? ¿No? Bueno, probemos por otro lado.

Está en paz con todos. Toda relación es dulce como el caramelo. Aun sus viejos amores hablan bien de usted. Ama a todos y todos lo aman. ¿Eso es usted? Si no, ¿qué tal esta otra descripción?

No tiene temores. Lo llaman el «bravo». Se desploma la bolsa de valores: No hay problema. ¿Le descubren un problema al corazón: Bostezo. Comienza la Tercera Guerra Mundial: ¿qué hay para la cena? ¿Esto le describe?

No necesita perdón. Nunca ha cometido un error. Tan cuadradito como un tablero de ajedrez. Tan limpio como la cocina de la abuela. Nunca hizo trampa. Nunca mintió. Nunca mintió sobre hacer trampas. ¿Así es usted? ¿No?

Evaluemos esto. No puede controlar su genio. Algunas de sus relaciones están tambaleantes. Tiene temores y fallas. ¡Humm! ¿Quiere realmente aferrarse al cofre de su autosuficiencia? Me da la impresión que necesita un pastor. De otro modo podría tener un Salmo 23 según esta versión:

Yo soy mi pastor. Siempre padezco necesidad.

Voy de comercio en comercio y de sicólogo en sicólogo en busca de alivio sin encontrarlo.

Me arrastro por el valle de sombra de muerte y me desmorono.

Le temo a todo desde los pesticidas hasta las líneas eléctricas, y comienzo a actuar como mi madre.

Voy a la reunión semanal del personal y estoy rodeado de mis enemigos. Voy a casa y hasta mi pez de colores me desprecia.

Unjo mi cabeza con Tylenol extra fuerte.

Mi Bacardí está rebosando.

Ciertamente la miseria y la desdicha me seguirán, y viviré dudando de mí por el resto de mi solitaria vida.

¿A qué se debe que quienes más necesitan un pastor lo resisten tanto?

Esa sí que es una pregunta para los Van de Velde de la vida. La Escritura dice: «Hazlo a la manera de Dios». La experiencia dice: «Hazlo a la manera de Dios». Los escoceses en el cielo dicen: «Hey, muchacho, hazlo a la manera de Dios».

Y, de vez en cuando, lo hacemos. Cuando lo hacemos, cuando seguimos la dirección de nuestro Dios, y mantenemos el palo uno en la bolsa, de alguna manera la bola permanece en ruta.

Sí, Van de Velde hace que me acuerde de mí.

Después de perder su hoyo, conservó su compostura para el público. Pero cuando se sentó en la tienda, puso el rostro entre las manos. Y sollozó: «La pgróxima vez voy a usagr el fiegrro en fogrma de cuña. Digrás que soy un cobagrde, pero la pgróxima vez voy a usagr el fiegrro en fogrma de cuña».

Tú y yo, Jean. [1]

4

La Prisión de la Necesidad

La carga del descontento

Jehová es mi Pastor; nada me faltará.

SALMO 23.1

A compáñeme a la prisión más superpoblada del mundo. Tiene más internos que literas. Más prisioneros que platos. Más residentes que recursos.

Acompáñeme a la prisión más opresiva del mundo. Pregunte a los internos; ellos le contarán. Trabajan demasiado y comen mal. Sus muros están desnudos y sus literas son duras.

Ninguna cárcel está tan superpoblada; ninguna es tan opresiva, y lo peor, ninguna prisión es tan permanente. La mayoría de los internos jamás salen. Nadie se puede fugar. Nunca logran la libertad. Tienen que cumplir una sentencia de por vida en este centro superpoblado y desabastecido.

¿El nombre de la prisión? Lo verá a la entrada. Sobre el portón, en forma de arco están las letras fundidas en hierro que forman su nombre:

N-E-C-E-S-I-D-A-D

La prisión de la necesidad. Ha visto sus prisioneros. Tienen «necesidad». Siempre necesitan algo. Quieren algo más grande. Más hermoso. Más rápido. Más delgado. Necesitan.

No es mucho lo que necesitan. Sólo quieren una cosa. Un nuevo trabajo. Un nuevo automóvil. Una nueva casa. Una nueva esposa. No quieren mucho. Sólo una cosa.

Con sólo «una cosa» serán felices. Y tienen razón: serán felices. Cuando tengan «una cosa» saldrán de la prisión. Entonces sucede algo. El olor a carro nuevo se desvanece. El nuevo empleo se envejece. Los vecinos compran un televisor más grande. La nueva esposa tiene malos hábitos. La chispa se esfuma, y antes que usted se dé cuenta, otro exconvicto quebranta su palabra y regresa a la prisión.

¿Está usted en la prisión? Sí, si se siente mejor cuando tiene más y peor cuando tiene menos. Sí, si su gozo está a una entrega de distancia, a un traslado de distancia, a un premio de distancia o a una renovación de distancia. Si su felicidad procede de algo que deposita, conduce, bebe o come, reconózcalo: usted está en una cárcel, la cárcel de la necesidad.

Esa es la mala noticia. La buena es que tiene una visita. Y su visita tiene un mensaje que puede darle la libertad. Vaya a la sala de visitas. Tome asiento, y vea al otro lado al salmista David. Le hace señas para que se incline hacia él. «Tengo un secreto que contarte», susurra, «el secreto de la satisfacción: "Jehová es mi pastor; nada me faltará"» (Salmo 23.1).

David ha encontrado los pastos donde va a morir el descontento. Es como si dijera: «Lo que tengo en Dios es más grande que lo que no tengo en la vida».

¿Piensa que podemos aprender a decir lo mismo?

Piense por un momento en lo que tiene. Piense en la casa que tiene, en el coche que conduce, el dinero que ha ahorrado. Piense en las joyas que ha heredado y las acciones que ha transado y la ropa que ha adquirido. Vea todo lo que ha acumulado, y permítame recordarle dos verdades bíblicas.

Lo que tiene no es suyo. Pregúntele a cualquier médico forense. Pregúntele a cualquier embalsamador. Pregúntele a cualquier director de una funeraria. Nadie se lleva nada consigo. Cuando murió uno de los hombres más ricos de la historia, John D. Rockefeller, le preguntaron a su contador: «¿Cuánto dejó John D?» la respuesta fue: «Todo».[1]

«Como salió del vientre de su madre, desnudo, así vuelve, yéndose tal como vino; y nada tiene de su trabajo para llevar en su mano» (Eclesiastés 5.15).

De todo eso, nada es suyo. ¿Y sabes algo más acerca de todas esas cosas? *No son usted.* Lo que usted es nada tiene que ver con la ropa que usa ni con el coche que conduce. Jesús dijo: «La vida del hombre no consiste en la abundancia de los bienes que posee» (Lucas 12.15). El cielo no lo conoce como el tipo del traje hermoso ni como la mujer de la casa grande ni el muchacho de la bicicleta nueva. El cielo conoce su corazón. «Jehová no mira lo que mira el hombre; pues el hombre mira lo que está delante de sus ojos, pero Jehová mira el corazón» (1 Samuel 16.7). Cuando Dios piensa en usted, se fija en su compasión, su devoción, su ternura o ligereza de mente, pero no en sus cosas.

Y cuando usted piensa en usted mismo, no debiera hacerlo de otro modo. Si se define por las cosas que tiene, se sentirá bien cuando tiene mucho y mal cuando tiene poco. El contentamiento viene cuando sinceramente podemos decir con Pablo: «He aprendido a contentarme cualquiera sea mi situación. Sé vivir humildemente y sé tener abundancia» (Filipenses 4.11-12).

Doug McKnight podía decir esas palabras. A la edad de treinta y dos años se le diagnosticó esclerosis múltiple. Los dieciséis años siguientes le costaron su carrera, su movilidad y finalmente la vida. Debido a la esclerosis múltiple no podía comer por sí mismo ni caminar; combatió la depresión y el temor. A través de todo esto, nunca perdió el sentido de la gratitud. La evidencia de esto es su lista de oración. Los amigos de su congregación le pidieron que compilara una lista de sus peticiones para interceder por él. Su respuesta incluía dieciocho bendiciones por las que estaba agradecido, y seis preocupaciones por las cuales orar. Sus bendiciones superaban a sus necesidades por tres a una. Doug McKnight había aprendido a estar contento.[2]

Lo mismo ocurrió con la leprosa en la isla de Tobago. Un misionero de corto plazo la conoció en un viaje misionero. En el día final, él conducía la adoración en una colonia de leprosos. Preguntó si alguien tenía una canción favorita. Cuando hizo la pregunta, una mujer se volvió y dejó ver el rostro más desfigurado que se haya visto. No tenía orejas ni nariz. Los labios habían desaparecido. Pero levantó una mano sin dedos y preguntó: «¿Podemos cantar "Cuenta las riquezas que el Señor te da"?»

El misionero comenzó a cantar, pero no pudo terminar. Después alguien comentó: «Supongo que nunca podrá volver a cantar esa canción». «No» respondió, «la cantaré nuevamente, pero nunca de la forma en que lo hacía antes».[3]

¿Espera que un cambio de circunstancias traerá un cambio en su actitud? Si es así, usted está en prisión, y necesita aprender un secreto para aligerar su equipaje. *Lo que tiene en su Pastor es mayor que lo que no tiene en la vida.*

Permítame entrometerme por un momento. ¿Qué cosa específicamente se interpone entre usted y su gozo? ¿Cómo llenaría la línea siguiente?: «Seré feliz cuando _____». Cuando sane.

Cuando ascienda. Cuando me case. Cuando esté solo. Cuando sea rico. ¿Cómo podría terminar esta oración?

Con su respuesta bien en mente, responda esto. ¿Si su barco nunca llega, si su sueño nunca se hace realidad, si su situación nunca cambia, podría ser feliz? Si dice que no, está durmiendo en la fría mazmorra del descontento. Está preso. Y necesita saber lo que tiene en su Pastor.

Tiene un Dios que lo escucha, el poder del amor que lo respalda, el Espíritu Santo que vive en usted, y todo el cielo por delante. Si tiene al Pastor, tiene la gracia a su favor en todo pecado, dirección para cada decisión, una luz para cada rincón y un áncora para cada tormenta. Tiene todo lo que necesita.

¿Y quién se lo podrá arrebatar? ¿Puede la leucemia infectar su salvación? ¿Puede la bancarrota empobrecer sus oraciones? Un tornado puede quitarle su habitación terrenal, pero ¿alcanzará su hogar celestial?

Mire su posición. ¿Por qué clamar por prestigio y poder? ¿No ha recibido el privilegio de formar parte de la obra más grande de la historia?

Según Russ Blowers, somos privilegiados. Él es ministro en Indianápolis. Al saber que se le preguntaría su profesión en una reunión del Club Rotario, decidió decir algo más que «Soy pastor».

En cambio dijo: «Hola, soy Russ Blowers. Pertenezco a una empresa mundial. Tenemos sucursales en todos los países del mundo. Tenemos representantes an casi todos los parlamentos y salas ejecutivas de la tierra. Nos dedicamos a la motivación y la alteración de la conducta. Tenemos hospitales, comedores, centros de crisis en el embarazo, universidades, casas de publicaciones hogares de ancianos. A nuestra clientela la cuidamos desde su nacimiento hasta su muerte. Ofrecemos seguros de vida y contra incendios. Realizamos trasplantes espirituales de corazón. Nuestro Fundador es dueño de todos los bienes de la tierra más una inmensa variedad de galaxias y constelaciones. Lo sabe todo y vive en todo lugar. Nuestro producto se entrega gratis a todo el que lo pide. (No existe la cantidad suficiente de dinero para adquirirlo). Nuestro Jefe Ejecutivo nació en una aldea campesina, fue carpintero, no era dueño de casa, su familia no lo comprendía y sus enemigos lo odiaban, caminó sobre las aguas, lo condenaron a muerte sin celebrarle juicio y resucitó de entre los muertos. Hablo con Él todos los días». [4]

Si puede decir lo mismo, ¿no tiene razón para estar contento?

Un hombre llegó a la oficina de un ministro para pedir consejería. Estaba en medio de un colapso financiero.

«Lo he perdido todo», se quejó.

«¡Ah! Lamento de todo corazón que haya perdido su fe».

«No», rectificó el paciente.«No he perdido la fe».

«De acuerdo. Entonces lamento que haya perdido su carácter».

«No he dicho eso», corrigió. «Aún conservo mi carácter».

«Me duele saber que ha perdido la salvación».

«No es lo que dije», objetó el hombre. «No he perdido la salvación».

«Todavía tiene su fe, su carácter, su salvación», observó el ministro. «Me parece que no ha perdido ninguna de las cosas que realmente valen».

Nosotros tampoco. Usted y yo podemos orar como el puritano. Se sentaba para comer pan y beber agua. Inclinaba la cabeza y declaraba: «¿Todo esto además de Jesús?»

¿Podemos estar igualmente contentos? Pablo dice «gran ganancia es la piedad acompañada de contentamiento» (1 Timoteo 6.6). Cuando rendimos a Dios el pesado saco del descontento, no sólo perdemos algo: ganamos algo. Dios lo reemplaza por un maletín liviano, hecho a la medida, resistente a los pesares y lleno de gratitud.

¿Qué ganará usted con el contentamiento? Puede ganar su matrimonio. Puede ganar horas preciosas con sus hijos. Puede ganar respeto por sí mismo. Puede ganar gozo. Puede ganar la fe para decir: «Jehová es mi pastor; nada me faltará».

Trate de decirlo lentamente: «Jehová es mi pastor; nada me faltará».

Dígalo otra vez, «Jehová es mi pastor; nada me faltará».

Otra vez, «Jehová es mi pastor; nada me faltará».

Shhhhhh. ¿Oyó un ruido? Yo sí. No estoy seguro... pero creo que se trata del rechinar de la puerta de una cárcel que se abre.

5

Te Haré Descansar

La carga del cansancio

En lugares de delicados pastos me hará descansar

SALMO 23.2

Y o le diré las consecuencias de la carga; usted adivine la causa.

- Aflige a 70 millones de americanos y causa 38 mil muertes cada año.
- La condición cuesta anualmente a Estados Unidos unos $70 mil millones en productividad.
- La sufren los adolescentes. Los estudios muestran que el 64% de ellos la culpan por el bajo rendimiento escolar.
- Los adultos la sufren. Los investigadores dicen que los casos más graves se encuentran entre los treinta y los cuarenta años.
- Los adultos mayores se ven afectados por ella. Un estudio sugiere que la condición impacta al 50% de la población superior a los sesenta y cinco años.
- El tratamiento incluye desde enjuagues bucales a té de hierbas y medicinas.[1]

¿Tiene idea de lo que se describe en el párrafo anterior?

¿Abuso químico? ¿Divorcio? ¿Sermones largos? Ninguna de las respuestas es correcta, aunque la última tiene cierta lógica. La respuesta les puede sorprender: El insomnio. América no puede dormir. La mayor parte de mi vida me reía secretamente ante el pensamiento de tener dificultades para dormir. Mi problema no era dormirme. Era mantenerme despierto. Hace unos años, una noche me acosté, cerré los ojos y nada pasó. No me podía dormir. En vez de bajar la velocidad gradualmente para quedar en neutro, mi mente parecía haber enganchado una velocidad alta. Mil y una obligaciones me venían a los pensamientos. Pasó la medianoche y aún estaba despierto. Tomé un poco de leche y volví a la cama. Todavía estaba despierto. Desperté a Denalyn, usando la estrella de las preguntas tontas: «¿Estás despierta?» Me dijo que dejara de pensar cosas. Así lo hice. Dejé de pensar en cosas y me dediqué a pensar en personas. Mientras pensaba en ellas pensaba en lo que estarían haciendo. Ellas dormían. Eso me enojaba y me mantenía despierto. Finalmente, en algún punto, en horas de la mañana, tras haberme iniciado en la fraternidad de los 70 millones de americanos insomnes, me dormí.

Nunca más me reí de las dificultades para dormir. Tampoco cuestiono la inclusión del versículo sobre el reposo en el Salmo 23.

Las personas con demasiado trabajo y poco sueño van al lugar de reclamo del equipaje de la vida y recogen el bolso del cansancio. Uno no lo carga. No se lo cuelga del hombro para caminar por la calle. Lo arrastra como lo haría con un obstinado perro San Bernardo. El tedio cansa.

¿Por qué estamos tan cansados? ¿Ha leído el periódico recientemente? Añoramos la vida de Huck y Tom en el río Mississippi, pero nos vemos navegando en las aguas espumosas del río Grande. Desvíos en el río. Rocas en el agua. Ataques al corazón, deslealtades, deudas y batallas por la custodia de los hijos. Huck y Tom no tenían que enfrentar tales cosas. Nosotros sí, y nos mantienen desvelados. Puesto que no podemos dormir, tenemos un problema adicional.

Nuestros cuerpos están cansados. Piénselo. Si 70 millones de americanos no duermen lo necesario, ¿qué significa? Que un tercio del país se duerme en el trabajo, toma siesta en las clases o se duerme en el volante. (Mil quinientas muertes en la carretera se atribuyen a camioneros soñolientos.) Algunos cabecean mientras leen libros de Lucado. (Difícil de entender, lo sé). Diariamente se consumen treinta toneladas de aspirinas, pastillas para dormir y tranquilizantes.[2] El medidor de energía en el tablero de mandos de nuestra cabeza marca vacío.

Si invitáramos a un extraterrestre a resolver el problema, sugeriría una simple solución: todo el mundo a dormir. Nos reiríamos de él. No entiende nuestro modo de trabajar. De veras, no entiende nuestro *modo* de trabajar. Trabajamos arduamente. Hay que ganar dinero. Hay títulos que alcanzar. Hay escaleras que subir. Según nuestra mentalidad, estar bien ocupado es estar a un paso de la santidad. Idealizamos a Tomás Edison, quien decía que podía vivir con quince minutos de sueño. Y por el contrario nos olvidamos de Albert Einstein, que promediaba once horas de sueño por noche.[3] En 1910 los americanos dormían nueve horas por noche; en la actualidad dormimos siete y nos enorgullecemos de ello. Tenemos la mente cansada. Tenemos el cuerpo cansado. Pero, lo que es peor, tenemos el alma cansada.

Somos criaturas eternas y nos hacemos preguntas eternas: ¿De dónde vengo? ¿A dónde voy? ¿Cuál es el sentido de la vida? ¿Qué es bueno? ¿Qué es malo? ¿Hay vida más allá de la muerte? Estas son preguntas fundamentales para el alma. Si las dejamos sin responder, tales preguntas nos robarán el descanso.

Sólo otra criatura viviente tiene tanto problema para descansar como nosotros. No los perros. Estos dormitan. Ni los osos. Estos hibernan. Los gatos inventaron las siestas breves, y las marmotas duermen veinte horas diarias. (Creo que tenía una marmota de compañero de cuarto en el segundo año de la universidad.) La mayoría de los animales saben descansar. Hay una excepción. Tales criaturas son lanudas, tienen poca inteligencia y son lentas. No, no se trata de los maridos en un día sábado. ¡Se trata de las ovejas! La oveja no duerme.

Para que la oveja duerma todo tiene que estar bien. Que no haya depredadores. No puede haber tensiones en el ganado ni insectos en el aire. No debe tener sensación de hambre en el vientre.⁴ Todo tiene que andar bien.

Desafortunadamente la oveja no puede hallar lugares de delicados pastos, ni puede rociar insecticida, ni tratar las fricciones personales, ni hallar alimento. Necesitan ayuda. Necesitan un pastor que las «guíe» y las ayude a «descansar en lugares de delicados pastos». Sin un pastor no pueden descansar.

Nosotros tampoco podemos hacerlo sin un pastor.

En el versículo dos del Salmo 23, el poeta David se convierte en David el artista. Su pluma se convierte en pincel, su pergamino en lienzo y sus palabras pintan un cuadro. Un rebaño de ovejas echadas sobre sus patas dobladas rodea al pastor. Los vientres de las ovejas descansan en el pasto largo. A un costado hay una laguna quieta, al otro hay un pastor que vigila. «En lugares de delicados pastos me hará descansar; junto a aguas de reposo me pastoreará» (Salmo 23.2).

Note los dos pronombres que preceden a los verbos: Me hará... me pastoreará...

¿Cuál es el sujeto activo? ¿Quién está a cargo? El pastor. Los pastores eligen el camino y preparan los pastos. La tarea de la oveja (nuestra tarea) es mirar al pastor. Con los ojos puestos en nuestro Pastor, podremos dormir. «Tú guardarás en completa paz a aquel cuyo pensamiento en ti persevera» (Isaías 26.3).

¿Puedo mostrarle algo? Busque el final de este libro y hallará una página en blanco. Cuando la mira, ¿qué ve? Lo que ve es un pedazo de papel en blanco. Ahora ponga un punto en el centro de la hoja. Mire nuevamente. ¿Qué ve? Ve el punto, ¿no es así? ¿No es ese su problema? Dejamos que las marcas negras eclipsen nuestro espacio blanco. Vemos las olas en lugar de al Salvador que camina sobre ellas. Vemos nuestras míseras provisiones y no vemos a Aquel que puede alimentar a cinco mil hambrientos. Nos quedamos con los oscuros viernes de la crucifixión y nos perdemos los brillantes domingos de resurrección.

Cambie de enfoque y relájese.

¡Y mientras lo hace, cambie de programa y descanse!

Mi esposa se encontró con una amiga en una cafetería. Las dos entraron al estacionamiento al mismo tiempo. Cuando salió de su coche, Denalyn vio a su amiga que le hacía señas. Pensó que le decía algo, pero no pudo oír palabra alguna. Un martillo neumático rompía el pavimento a corta distancia. Caminó hacia su amiga, que, como supo luego, sólo la saludaba, y ambas entraron en la cafetería.

Llegado el momento de irse, mi esposa no logró encontrar sus llaves. Buscó en su cartea, en el suelo, en el coche de su amiga. Finalmente cuando llegó al coche, allí estaban. No sólo estaban en la cerradura del contacto, el motor estaba funcionando. Había estado funcionando todo el tiempo que ella y su amiga habían estado en el café. Denalyn culpa al ruido. «Había tanto ruido, que olvidé apagar el motor».

El mundo se comporta de esa forma. La vida se puede hacer tan ruidosa que olvidamos apagarla. Quizás se deba a eso que Dios pone un énfasis tan grande en el reposo en los Diez Mandamientos.

Puesto que hizo tan bien el ejercicio, hagamos otro. De las diez declaraciones grabadas en las tablas de piedra, ¿cuál ocupa más espacio? ¿El adulterio? ¿El homicidio? ¿El robo? Uno tiende a pensar así. Cada uno de ellos merece que se le dé espacio. Pero es curioso: estos mandamientos son un tributo a la brevedad. Dios necesitó sólo tres palabras en castellano para condenar el adulterio y sólo dos para denunciar el robo y el homicidio.

Pero cuando se llegó al tema del reposo, no bastó una oración.

«Acuérdate del día de reposo para santificarlo. Seis días trabajarás y harás toda tu obra, mas el séptimo día es reposo para Jehová tu Dios; no hagas en él obra alguna, tú, ni tu hijo, ni tu hija, ni tu siervo, ni tu criada, ni tu bestia, ni tu extranjero que está dentro de tus puertas. Porque en seis días hizo Jehová los cielos y la tierra, el mar, y todas las cosas que en ellos hay, y reposó en el séptimo día; por tanto, Jehová bendijo el día de reposo y lo santificó» (Éxodo 20.8-11).

Dios nos conoce muy bien. Podemos ver al dueño de la tienda que al leer este versículo piensa: «Pero alguien tiene que trabajar ese día. Si yo no lo hago, lo tiene que hacer mi hijo». Pero Dios dice, *ni tu hijo*. «Entonces lo hará mi hija». *Ni tu hija*. «Entonces un empleado». *Ninguno de ellos*. «Pienso que tendré que mandar mi vaca para que atienda el negocio, o quizás encontraré algún extranjero que me ayude». *No*. Dios dice no. *Un día de la semana dirás no al trabajo y sí al culto. Te detendrás, te sentarás y te recostarás para descansar.*

Aún objetamos: «Pero... pero... pero... ¿quién se hará cargo de la tienda?» «¿Y mis calificaciones?» «No he alcanzado mi cuota de ventas». Ofrecemos una razón tras otra, pero Dios las acalla todas con un conmovedor recordatorio: «Porque en seis días hizo Jehová los cielos y la tierra, el mar, y todas las cosas que en ellos hay, y reposó en el séptimo día». El mensaje de Dios es claro: «Si la creación no sucumbió cuando reposé, no sucumbirá cuando reposes».

Repita conmigo estas palabras: No es mía la tarea de hacer funcionar al mundo.

Hace algo más de un siglo, Charles Spurgeon dio este consejo a sus estudiantes:

«Aun las bestias de carga necesitan que se les suelte a pacer de vez en cuando; el mar mismo se detiene en el flujo y reflujo; la tierra guarda sus reposos durante los meses de invierno; y el hombre, aun cuando es exaltado al rango de embajador de Dios, debe descansar o desmayará, debe limpiar la mecha de su lámpara o alumbrará mal, debe recuperar su vigor o envejecerá prematuramente... A la larga haremos más haciendo menos».[5]

El arco no puede siempre curvarse sin temor de que se rompa. Para que un campo dé fruto, de vez en cuando debe permanecer en barbecho. Para que tenga salud, debe descansar. Baje la velocidad y Dios lo sanará. Traerá reposo a su alma, a su cuerpo y a casi todo su ser. Le guiará a lugares de delicados pastos.

Los pastos verdes no eran el paisaje natural de Judea. Las colinas de Belén donde David cuidaba su rebaño no eran fértiles ni verdes. Aún en la actualidad son casi desérticas. Los pastos verdes de Judea se deben al trabajo de algunos pastores. Han limpiado el terreno áspero y rocoso. Han quitado los tocones y las han quemado junto con la maleza. Riego, cultivo. Ese es el trabajo de un pastor.

Por eso cuando David dice «en lugares de delicados pastos me hará descansar», en realidad dice: «Mi pastor me hace descansar en su obra terminada». Con sus manos horadadas, Jesús creó una pradera para el alma. Arrancó los espinosos arbustos de la condenación. Arrancó los enormes peñascos del pecado. En su lugar puso simiente de gracia y cavó lagunas de misericordia.

Y nos invita a reposar allí. ¿Puede imaginarse la satisfacción en el corazón del pastor cuando, acabado el trabajo, ve a sus ovejas descansando en lugares de delicados pastos?

¿Puede imaginar la satisfacción en el corazón de Dios cuando hacemos lo mismo? Sus pastos son su don para nosotros. No son pastos que hemos cultivado. Tampoco son pastos que merecemos. Son un don de Dios. «Porque por gracia sois salvos por medio de la fe, y esto no de vosotros, pues es don de Dios» (Efesios 2.8).

En un mundo difícil debido al fracaso humano, hay una tierra en que verdea su divina misericordia. Su Pastor le invita a ir allá. Quiere que se recueste, que se hunda hasta quedar oculto en los altos pastos de su amor. Allí encontrará descanso.

6

Los ¿Y si? y los ¿Cómo?

La carga de las preocupaciones

Junto a aguas de reposo me pastoreará

S u hijo de diez años está preocupado. Está tan ansioso que no puede comer. Tan preocupado que no puede dormir. «¿Qué anda mal?», usted le pregunta. Él mueve la cabeza y se queja: «No tengo un plan de pensiones».

Su hija de cuatro años llora en la cama. «¿Qué pasa, hijita querida?» Ella responde: «Nunca voy a aprobar química en la universidad».

El rostro de su hijo de ocho años expresa su estrés: «Seré una basura de padre. ¿Qué si le doy mal ejemplo a mis hijos?»

¿Cómo respondería a tales declaraciones? Además de llamar al sicólogo infantil, su respuesta sería enfática: «Eres demasiado pequeño para preocuparte de tales problemas. Cuando llegue la oportunidad, sabrás qué hacer».

Afortunadamente la mayoría de los niños no piensan en esas cosas.

Desafortunadamente los adultos ya tenemos nuestra parte. La preocupación es toda una bolsa de cargas. Está llena de ¿y si...? y de ¿cómo...? «¿Y si llueve en mi boda?» «¿Cómo puedo saber cuándo disciplinar a mis hijos?» «¿Y si me caso con un tipo que ronca?» «¿Cómo pagaremos los estudios de nuestro bebé?» «¿Y si después de toda mi dieta se descubre que la lechuga engorda y no el chocolate?» Una bolsa de preocupaciones. Voluminosa. Incómoda. Fea. Áspera. Difícil de llevar e imposible de dejar. Nadie quiere sus preocupaciones.

La verdad sea dicha, usted tampoco la quiere llevar.

Nadie tiene que recordarte el elevado costo de la ansiedad (pero yo lo haré de todos modos).La preocupación divide la mente. La palabra bíblica *preocupación* (*merimnao*) en griego está formada por dos palabras, *merizo* (dividir) y *nous* (mente). La ansiedad divide nuestra energía entre las prioridades de hoy y los problemas de mañana. Parte de nuestra mente está en el ya; el resto está en el todavía no. El resultado es una vida con la mente dividida.

Ese no es el único resultado. La preocupación no es una enfermedad, pero causa enfermedades. Se la ha relacionado con la hipertensión, los problemas cardíacos, la ceguera, la migraña, los problemas de la tiroides y una gran cantidad de desórdenes estomacales.

La ansiedad es un hábito caro. Valdría la pena si diera buen resultado. Pero no. Nuestros esfuerzos son inútiles. Jesús dijo: «¿Y quién de vosotros podrá, por mucho que se afane, añadir a su estatura un codo?» (Mateo 6.27). Los afanes nunca han dado brillo a un día, ni han resuelto un problema, ni curado una enfermedad.

¿Cómo puede una persona hacer frente a la ansiedad? Podría intentar lo que hizo un individuo. Se preocupaba tanto que decidió contratar a alguien que se preocupara por él. Encontró un hombre que aceptó asumir sus preocupaciones por un salario de 200 mil dólares al año. Después que el hombre aceptó el trabajo, la primera pregunta a su patrón fue: «¿Dónde va a conseguir los 200 mil dólares anuales?» El hombre respondió: «Ese es problema suyo».

Lamentablemente, la preocupación es un trabajo que uno no puede delegar, pero lo puede vencer. No hay mejor lugar para comenzar que en el versículo dos del salmo del pastor.

«Junto a aguas de reposo me pastoreará», dice David. Y, por si acaso lo hemos captado bien, repite la frase en el versículo siguiente: «Me guiará por sendas de justicia».

«Me guiará». Dios no está detrás gritando «¡Anda!» Va delante y me invita: «Ven». Va delante, limpia el sendero, corta las ramas, señala el camino. Al llegar a una curva, dice: «Dobla hacia allá». Al subir, señala: «Sube aquí». Cerca de las rocas advierte: «¡Cuidado!»

Él nos guía. Nos dice lo que necesitamos saber cuando necesitamos saberlo. Como lo diría un escritor del Nuevo Testamento: «Hallaremos gracia cuando la necesitemos».

Escuchemos otra versión: «Acerquémonos, pues, confiadamente al trono de la gracia, para alcanzar misericordia y hallar gracia *para el oportuno socorro*» (Hebreos 4.16).

La ayuda de Dios es oportuna. Él ayuda de la misma forma que un padre da los pasajes para el avión a sus niños. Cuando viajo con mis hijas, llevo todos los billetes en mi maletín. Cuando llega el momento de abordar el avión, me paro entre quien me atiende y mi hija. A medida que cada una pasa, yo pongo un boleto en su mano, y ella a su vez lo pasa al dependiente. Cada una recibe su billete en el momento oportuno.

Lo que hago por mis hijas Dios lo hace por usted. Se pone entre usted y su necesidad. En el momento oportuno, le da su boleto. ¿No fue esta la promesa que dio a sus discípulos? «Pero cuando os trajeren para entregaros, no os preocupéis por lo que habéis de decir, ni lo penséis, sino *lo que os fuere dado en aquella hora, eso hablad*; porque no sois vosotros los que habláis, sino el Espíritu Santo» (Marcos 13.11).

¿No es ese el mensaje de Dios a los hijos de Israel? Prometió proporcionarles el maná cada día. Pero les dijo que recogieran sólo lo necesario para un día. Los que desobedecieron y recogieron para dos días encontraron que al segundo día el maná se les había descompuesto. La única excepción a la regla era el día previo al reposo. El viernes podían recoger el doble. Dicho de otro modo, Dios les daría lo necesario en su tiempo de necesidad.

Dios nos guía. Dios hará lo que corresponde a su debido tiempo. ¡Qué diferencia hace eso!

Puesto que sé que su provisión es oportuna, puedo disfrutar del presente.

«Así que, no os afanéis por el día de mañana, porque el día de mañana traerá su afán. Basta a cada día su propio mal» (Mateo 6.34).

La última frase es digna de destacarse: «Basta a cada día su propio mal».

«No sé qué haré si mi esposo muere». Lo sabrás *en el momento oportuno.*

«Cuando mis hijos dejen la casa, no creo que pueda soportarlo». No será fácil, pero la fortaleza llegará *en el momento oportuno*

«Yo no podría dirigir una iglesia. Hay muchas cosas que no sé». Quizás usted tenga razón. O quizás quiere saberlo todo demasiado pronto. ¿Podría ser que Dios le revele todo *en el momento oportuno?*

La clave es la siguiente: Enfrente los problemas de hoy con la energía de hoy. No se fije en los problemas de mañana hasta mañana. Aun no tiene las fuerzas de mañana. Ya tiene suficiente para el día de hoy.

Hace más de ochenta años un gran canadiense de la medicina, Sir William Osler, dio un discurso ante los estudiantes de la Universidad de Yale con el título «Un modo de vida». En su mensaje narra un relato relacionado con un hecho ocurrido mientras iba a bordo de un trasatlántico.

Un día en una visita al capitán del barco, sonó una alarma estridente, seguida por extraños ruidos como de algo que rechinaba y chocaba ruidosamente debajo del puente.«Son nuestros compartimentos herméticos que se cierran», explicó el capitán. «Es una parte importante de nuestros ejercicios de seguridad. En caso de un verdadero problema, el agua que se filtra en un compartimiento no afecta al resto del barco. Aun al chocar con un témpano de hielo, como el *Titanic*, el agua sólo penetraría en el compartimiento roto. Sin embargo, el barco seguiría a flote».

Cuando habló a los estudiantes de Yale, Osler recordó la descripción que el capitán hizo del barco:

Cada uno de ustedes es una organización más maravillosa que ese gran trasatlántico, y han emprendido un viaje mucho más largo. Les exhorto a que aprendan a tener bajo sujeción su vida y a vivir cada día en un compartimiento hermético para ese día. Esto garantizará su seguridad en todo el viaje de la vida. Toquen un botón y escuchen, en todo ámbito de su vida, las puertas de hierro que dejan fuera el pasado, los días de ayer que ya han muerto. Toquen otro botón y cierren, con una pared metálica, el futuro, los mañanas que aún no nacen. Así estarán a salvo; a salvo por ese día.

No piensen en la cantidad que hay que lograr, ni en las dificultades que hay que vencer, sino empéñense seriamente en la tarea menuda que tienen a la mano, y dejen que sea suficiente para el día; porque nuestro claro deber no es ver lo que apenas se ve en la distancia, sino hacer lo que tenemos al alcance de la mano.[1]

Jesús señaló lo mismo en menos palabras: «No os afanéis por el día de mañana, porque el día de mañana traerá su afán. Basta a cada día su propio mal» (Mateo 6.34).

Es fácil decirlo. No siempre es fácil de hacer. Somos tan dados a preocuparnos. Anoche estaba preocupado en mi sueño. Soñé que se me diagnosticaba la misma enfermedad degenerativa de los músculos que le quitó la vida a mi padre. Desperté del sueño y, en medio de la noche, comencé a preocuparme. Entonces vinieron a mi mente las palabras de Jesús: «No os afanéis por el día de mañana». Y definitivamente, decidí no hacerlo. Arrojé ese pesado saco. Después de todo, ¿por qué permitir que los problemas imaginarios del mañana nos roben el reposo nocturno? ¿Puedo evitar la enfermedad si permanezco despierto? ¿Retardaré la aflicción pensando al respecto? No, por supuesto. Así que hice la cosa más espiritual que pude haber hecho. Me volví a dormir.

¿Por qué no hace lo mismo? Dios le guía. Deje los problemas de mañana para mañana.

Arthur Hays Sulzberg fue el editor del *New York Times* durante la segunda guerra mundial. Debido al conflicto mundial le era casi imposible dormir. No podía apartar las preocupaciones de su mente hasta que adoptó como su lema las palabras: «Un paso me basta», tomadas del himno «Guíame, luz bondadosa» (*Lead, Kindly Light*). [2]

Divina luz, guarda mi pie;
No pido que me dejes ver

El escenario distante;

Un paso me basta.

Dios no le va a dejar ver el escenario distante. Así que puede dejar de buscarlo. El Señor nos promete una lámpara a nuestros pies, no una bola de cristal para mirar el futuro.[3] No tenemos que saber lo que ocurrirá mañana. Basta saber que Él nos guía y que vamos a «alcanzar misericordia y hallar gracia para el oportuno socorro» (Hebreos 4.16).

7

Allá Afuera hay una Selva

La carga de la desesperanza

Confortará mi alma

Salmo 23.3

I magínese que está en una selva. Una selva densa. Una selva oscura. Sus amigos lo convencieron de que era hora de dar el viaje de su vida, y allí está. Usted pagó el pasaje. Cruzó el océano. Contrató un guía y reunió un grupo. Se aventura a entrar donde nunca antes lo había hecho, en el frondoso y extraño mundo de la selva.

¿Suena interesante? Demos un paso más. Imagine que está en la selva, solo y perdido. Se detuvo a amarrarse una bota, y al levantar la vista no vio a nadie cerca. Decide ir a la derecha, no sabe si los demás fueron a la izquierda. (¿O usted fue a la izquierda y ellos a la derecha?)

De todos modos, está solo. Y ha estado solo durante, bueno, no sabe por cuánto tiempo. Su reloj se quedó en su bolso que lleva colgado al hombro un buen muchacho de Nueva Jersey que se ofreció a cargarlo mientras usted se amarraba las botas. No era su intención que él la llevase por mucho tiempo, sino sólo mientras se ataba los cordones. Pero él siguió caminando. Y aquí está usted. Atascado en medio de quién sabe dónde.

Usted tiene un problema. Primero, no fue hecho para este lugar. Que lo dejen en el centro de avenidas y edificios, y sabría encontrar el camino. Pero aquí, ¿bajo este follaje tenebroso? ¿Aquí, donde los matorrales ocultan todo sendero y huella? Usted se halla fuera de su elemento. Usted no fue hecho para esta selva.

Lo peor, es que no está equipado. No tiene machete. No tiene cuchillo. No lleva fósforos. Ni linterna. No tiene comida. No está equipado, y ahora está atrapado y no tiene la menor idea de cómo salir de allí.

¿Le parece divertido? A mí tampoco. Antes de seguir adelante, Detengámonos y preguntemos cómo se sentiría. Dadas las circunstancias, ¿qué emociones aflorarían? ¿Con qué pensamientos tendría que luchar?

¿Temor? Evidentemente.

¿Ansiedad? Por decir lo menos.

¿Ira? Razones tiene (seguramente le gustaría poner las manos encima de quienes lo convencieron que emprendiera el viaje).

Pero por sobre todo, ¿qué de desesperanza? Ni idea de a dónde volverse. Ni un pálpito en cuanto a lo que hay que hacer. ¿Quién lo podría culpar por sentarse en un tronco (pero es mejor ver primero si hay víboras), cubrirse el rostro con las dos manos, y pensar, *nunca más saldré de aquí*? No tiene orientación, equipo ni esperanza.

¿Puede congelar esa emoción por un momento? ¿Puede sentir, sólo por un segundo, qué se siente al estar fuera de su elemento? ¿Sin soluciones? ¿Sin ideas ni energías?¿Puede imaginar sólo por un instante qué se siente al estar sin esperanzas?

Si puede, puede identificarse con muchas personas en este mundo.

Para muchas personas, la vida es... bueno, es una selva. No una selva de árboles y animales. Si fuera así, la cosa sería sencilla. Ojalá nuestras selvas se pudieran cortar con machetes o se pudiera atrapar a nuestros adversarios en una jaula. Pero nuestra selva está compuesta de matorrales de salud que falla, corazones quebrantados y billeteras vacías. Nuestra selva está formada por murallas de hospitales y cortes de divorcio. No oímos el canto de las aves ni el rugido de leones, pero oímos las quejas de los vecinos y las exigencias de los jefes. Nuestros depredadores son nuestros acreedores, y los matorrales que nos rodean son las exigencias de las prisas, que nos agotan.

Hay una selva allá afuera.

Y para algunos, y aun para muchos, la esperanza es una provisión escasa. La desesperanza es una bolsa extraña. A diferencia de las otras, no está llena, está vacía, y esto es lo que provoca la carga. Ábrala y revise todos sus bolsillos. Déle la vuelta y sacúdala con fuerza. La bolsa de la desesperanza está completamente vacía.

No es un cuadro muy agradable, ¿verdad? Veamos si lo podemos iluminar. Hemos imaginado lo que se siente cuando se está perdido; ¿puede imaginar lo que se siente cuando a uno lo rescatan? ¿Qué se necesitaría para restaurar su esperanza? ¿Qué necesitaría para devolver las energías a su viaje?

Aunque las respuestas son abundantes, tres saltan a la mente.

Lo primero sería una persona. No cualquier persona. No necesita a una que esté igualmente confundida. Necesita a alguien que sepa cómo salir de allí.

Y de él necesita una visión. Necesita que le levante el espíritu. Necesita a alguien que le mire de frente y diga: «Este no es el fin. No te desanimes. Hay un mejor lugar que éste. Yo te llevaré».

Y, quizás lo más importante, necesita orientación. Si tiene una persona pero no una visión renovada, lo único que tiene es compañía. Si es una persona con visión, pero sin orientación, tiene por compañero a un soñador. Pero si tiene a una persona con orientación, que puede llevarla de allí al lugar correcto, tiene a alguien que puede restaurarle la esperanza.

O, para usar las palabras de David, «confortará mi alma». Nuestro Pastor es especialista en restaurarle la esperanza al alma. Si usted es una oveja perdida en escarpadas montañas o un tipo de ciudad perdido en una selva espesa, todo cambia cuando aparece el que llega a rescatarle.

Disminuye su soledad, porque ya tiene compañía.

Su desesperación se reduce, porque tiene visión.

Su confusión comienza a ceder, porque tiene dirección.

Por favor, note: No ha salido de la selva. Los árboles todavía oscurecen el cielo y las espinas cortan la piel. Los animales acechan y los roedores corretean. La selva es todavía una selva. No ha cambiado, pero usted ha cambiado. Ha cambiado porque ahora tiene esperanza; tiene esperanza porque ha encontrado a alguien que le puede guiar a hallar la salida.

Su Pastor sabe que usted no fue hecho para este lugar. Sabe que no está equipado para este lugar. Ha venido a sacarle de este lugar.

Ha venido a confortar su alma. Él es perfecto para hacer esto. Tiene la perspectiva correcta. Le recuerda que somos como «extranjeros y peregrinos» en este mundo (1 Pedro 2.11). Le exhorta a levantar la vista de la selva que le rodea hacia los cielos arriba. «Poned la mira en las cosas de arriba, no en las de la tierra» (Colosenses 3.2).

David lo dijo de esta forma: «Alzaré mis ojos a los montes; ¿De dónde vendrá mi socorro? Mi socorro viene de Jehová que hizo los cielos y la tierra. No dará tu pie al resbaladero, ni se dormirá el que te guarda... Jehová es tu guardador; Jehová es tu sombra a tu mano derecha. El sol no te fatigará de día, ni la luna de noche. Jehová te guardará de todo mal; Él guardará tu alma» (Salmo 121.1-7).

Dios tu rescatador tiene la visión correcta. También tiene la dirección correcta. Hizo la más osada afirmación en la historia del hombre cuando declaró: «Yo soy el camino» (Juan 14.6). La gente se preguntaba si su afirmación era correcta. Respondió sus preguntas abriendo un camino a través del pecado y la muerte... y salió vivo. Es el único que lo ha hecho. Es el único que puede ayudarnos a hacer lo mismo.

Tiene la visión correcta: Ha visto su patria. Tiene la dirección correcta: Ha abierto el camino. Pero por sobre todo, es la persona adecuada, porque es nuestro Dios. ¿Quién conoce la selva mejor que quien la hizo? Y ¿quién conoce mejor los obstáculos del camino que Aquel que lo transitó?

Se cuenta la historia de un hombre en un safari africano en lo más denso de la selva. El guía que iba delante tenía un machete y se abría paso por entre las inmensas plantas y matorrales. El viajero, cansado y acalorado, preguntó molesto: «¿Dónde estamos? ¿Sabe hacia dónde me lleva? ¿Dónde está el sendero?» El experimentado guía se detuvo, miró al hombre y respondió: «Yo soy el sendero».

Nosotros hacemos las mismas preguntas, ¿no cree? Preguntamos a Dios: «¿Hacia dónde me llevas? ¿Dónde está el camino?» Y Él, como el guía, no nos dice. Sí, quizás nos dé una o dos pistas, pero eso es todo. Si lo hiciera, ¿entenderíamos? ¿Comprenderíamos dónde estamos? No, como el viajero, no conocemos esta selva. Por eso en lugar de darnos una respuesta, Jesús nos da algo mucho mayor. Se da a sí mismo.

¿Hace desaparecer la selva? No, la vegetación todavía es espesa.

¿Se deshace de los depredadores? No, el peligro todavía acecha.

Jesús no da esperanzas cambiando la selva; Él restaura nuestra esperanza al entregarse por nosotros. Además, ha prometido estar hasta que todo haya terminado. «Yo estoy con vosotros, todos los días, hasta el fin del mundo» (Mateo 28.20).

Necesitamos ese recordatorio. Todos lo necesitamos. Porque todos necesitamos esperanza.

Puede que no la necesite ahora mismo. Su selva se ha convertido en una pradera y su viaje es un deleite. Si ese es el caso, dichoso usted. Pero recuerde: no sabemos lo que depara el mañana. No sabemos dónde nos lleva este camino. El cementerio, la cama del hospital o la casa vacía pueden estar a la vuelta de la esquina. Usted puede estar en una curva en el camino que saca de la selva.

Quizás no necesite la restauración de la esperanza hoy, pero sí mañana. Necesita saber a quién volverse.

O quizás sí necesita esperanza hoy. Sabe que no fue creado para este lugar. Sabe que no está equipado. Desea que alguien lo guíe para salir.

Si es así, llame a su Buen Pastor. Él conoce su voz. Y solo está esperando su petición.

8

Intercambio Celestial

La carga de la culpa

Me guiará por sendas de justicia por amor de su nombre.

U n amigo organizó un intercambio de galletitas en Navidad para el personal de la oficina de nuestra iglesia. El plan era sencillo. El valor de la entrada era una bandeja con galletitas hechas en casa. Su bandeja le daba a usted el derecho de sacar galletas de la bandeja de los demás. Podía salir con la misma cantidad de galletas que llevó.

Suena simple si uno sabe cómo cocinar. Pero ¿qué si no puede? ¿Qué si no puede distinguir un sartén de una olla? ¿Qué si, como yo, siente que culinariamente es un desastre? ¿Qué si se siente tan cómodo con un delantal como un profesor de gimnasia en un tutú? Si ese es el caso, tiene un problema.

Tal era mi caso, y yo tenía un problema. No tenía galletas para llevar; en consecuencia no podría participar en el intercambio. Me dejarían afuera, despedido, desechado, eludido y apartado. (¿No siente lástima por mí?)

Ese era mi aprieto.

Y, perdóneme que lo mencione ahora, pero su aprieto es mucho mayor.

Dios está preparando una fiesta... una fiesta como no habrá otra. No una reunión de intercambio de galletas, sino una fiesta. Nada de risitas necias ni cháchara en la sala de conferencias, sino ojos de asombro y admiración en la sala del trono de Dios.

Sí, la lista de invitados es impresionante. ¿Duda que Jonás se haya examinado interiormente en el interior de un pez? Podrá preguntarle personalmente. Pero más impresionante que los nombres de invitados es la naturaleza de los invitados. Sin egos, nada de luchas por el poder. A la entrada quedarán la culpa, la vergüenza y el pesar. La enfermedad, la muerte y la depresión serán la Plaga Negra de un pasado distante. Lo que ahora vemos a diario, nunca se verá allá.

Lo que ahora vemos vagamente, lo veremos claramente. Veremos a Dios. No por la fe. No a través de los ojos de Moisés, Abraham o David. No por medio de las Escrituras, de las puestas de sol ni del arco iris. No veremos la obra de Dios ni sus palabras, ¡le veremos a Él! Porque Él no es el anfitrión de la fiesta; ¡Él es la fiesta! Su bondad es el banquete. Su voz es la música. Su radiante resplandor es la luz, y su amor es el interminable tema de conversación.

Hay sólo una complicación. El precio de admisión es elevado. Para entrar en la fiesta uno tiene que ser justo. No bueno o decente. No uno que paga sus impuestos y va a la iglesia.

Los ciudadanos del cielo deben ser justos. **J-U-S-T-O-S.**

Todos hacemos *de vez en cuando* lo justo. Unos pocos hacen *predominantemente* lo justo. Pero, ¿hay alguien entre nosotros que haga *siempre* lo justo? Según Pablo, «No hay justo, ni aun uno» (Romanos 3.10).

Pablo es inflexible en esto. Incluso llega a decir: «No hay quien haga lo bueno, no hay ni siquiera uno» (Romanos 3.12).

Quizás alguien tenga otra opinión. «No soy perfecto, Max; pero soy mejor que muchos. He vivido la vida como se debe. No quebranto las leyes. Tampoco quebranto corazones. Ayudo a la gente. Me gusta la gente. Comparado con otras personas, yo diría que soy justo».

Probé ese argumento con mamá. Cuando me decía que mi pieza no estaba limpia, le pedía que fuera conmigo a la pieza de mi hermano. Siempre estaba más desordenada y sucia que la mía: «¿Ves? Mi dormitorio está limpio; mira este».

Nunca me resultó. Me llevaba por el pasillo hasta su habitación. Si de habitaciones limpias se tratara, mi madre era justa. Su ropero estaba bien; su cama estaba bien; su baño estaba verdaderamente bien. En comparación con su habitación, la mía, bueno, estaba bien mal. Me mostraba su habitación y me decía: «Esto es lo que yo entiendo por limpio».

Dios hace lo mismo. Señala hacia sí y dice: «Esto es lo que entiendo por justicia».

La justicia es la esencia de Dios.

«Por la justicia de nuestro Dios y Salvador Jesucristo» (2 Pedro 1.1).

«Dios es Juez justo» (Salmo 7.11).

«Jehová es justo, y ama la justicia» (Salmo 11.7).

«Su justicia permanece para siempre» (Salmo 112.3), «hasta lo excelso» (Salmo 71.19).

Isaías describe a Dios como «Dios justo y Salvador» (Isaías 45.21). En la víspera de su muerte, Jesús comenzó su oración con las palabras «Padre justo» (Juan 17.25).

¿Entiende el argumento? Dios es justo. Sus decretos son justos (Romanos 1.32). Su juicio es justo (Romanos 2.5). Sus exigencias son justas (Romanos 8.4). Sus actos son justos (Daniel 9.16). Daniel declara: «Justo es Jehová nuestro Dios en todas sus obras» (Daniel 9.14).

Dios nunca se equivoca. Nunca ha tomado una decisión incorrecta, ni ha mostrado una mala actitud, ni ha tomado el sendero equivocado; nada ha dicho de malo y nunca ha actuado en una forma errada. Nunca se anticipa ni se atrasa; no es demasiado ruidoso ni demasiado suave, precipitado ni lento. Siempre ha sido justo y siempre lo será. Él es justo.

Cuando de justicia se trata, Dios domina la mesa de juego sin mucho esfuerzo, como todo un experto. Y cuando de justicia se trata, no sabemos de qué lado tomar la batuta. He aquí, nuestro problema.

¿Pasará Dios, que es justo, la eternidad con los que no lo son? ¿Recibirá Harvard a un niño expulsado de tercer grado? Si lo hiciera sería un acto benevolente, pero no sería justo. Si Dios aceptase al injusto, la invitación sería hermosa, pero ¿sería justo? ¿Sería justo que pasara por alto todos nuestros pecados? ¿O rebajara las normas? No, no sería justo. Y si Dios es algo, es justo.

Dijo a Isaías que la justicia sería su plomada, la norma por la cual mediría su casa (Isaías 28.17). Si somos injustos, se nos deja en el pasillo, sin galletas. O, para usar la analogía de Pablo, «para que... todo el mundo quede bajo el juicio de Dios» (Romanos 3.19).Entonces, ¿qué debemos hacer?

¿Llevar una carga de culpa? Muchos lo hacen; demasiados lo hacen.

¿Y si su carga espiritual fuese visible? Suponga que la carga de nuestros corazones fuese un equipaje de verdad en la calle. ¿Qué se vería más que nada? Maletas llenas de culpa. Bolsas abarrotadas de parrandas, estallidos de ira y componendas. Mire alrededor suyo. ¿Ve al tipo del traje gris de franela? Está arrastrando una década de arrepentimiento. ¿Ve al muchachito del pantalón grandote y un aro en la nariz? Daría cualquier cosa por no haber dicho las palabras que le dijo a la mamá. Pero no puede. Eso lo lleva consigo. ¿Y la mujer en traje de negocios? Tiene el aspecto de una candidata al Senado. Anda necesitada de ayuda, pero no puede darlo a conocer. No cuando arrastra a dondequiera que va esa carpeta llena de oportunidades que debe explorar.

Escuche. El peso del cansancio agota. La confianza en uno mismo lo desvía del camino. Las decepciones lo desalientan. La ansiedad lo fastidia. Pero, ¿la culpa? La culpa lo consume. Entonces, ¿qué hacemos? Nuestro Señor es recto, y nosotros estamos errados. Su fiesta es para los que no tienen culpa, y nosotros somos cualquier cosa, menos eso. ¿Qué podemos hacer?

Puedo decirle lo que hice. Confesé mi necesidad. ¿Recuerda mi dilema de las galletas? Este es el correo electrónico que envié a todo el personal. «No sé cocinar, de modo que no estaré en la fiesta».

¿Se apiadó de mí alguno de los asistentes? No.

¿Sc compadeció de mí alguno del personal? No.

¿Tuvo misericordia de mí alguno de la Corte Suprema de Justicia? No.

Pero una santa hermana de la iglesia tuvo misericordia de mí. No sé como se enteró de mi problema. Quizás haya aparecido en alguna lista de oración de emergencia. Pero, sí sé esto. Sólo unos minutos antes de la celebración, me entregaron un regalo: una bandeja de galletas, doce círculos de bondad. En virtud de ese regalo tuve el privilegio de entrar en la fiesta.

¿Fui? Apueste sus galletas a que sí. Como un príncipe que lleva una corona sobre una almohada, llevé mi regalo hasta el salón, lo puse en la mesa y me mantuve erguido. Debido a un alma compasiva que oyó mis ruegos, tuve un lugar a la mesa.

Debido a que Dios escucha su ruego, usted tendrá lo mismo. Sólo que Él hizo más, muchísimo más, que cocinar galletas para usted.

Fue al mismo tiempo el momento más hermoso y más terrible de la historia. Jesús estuvo en el tribunal del cielo. Extendió una mano sobre toda la creación, y rogó: «Castigame a mí por sus errores. ¿Ves ese homicida? Dame su castigo. ¿La adúltera? Yo llevaré su vergüenza. ¿El estafador, el mentiroso, el ladrón? Hazme a mí lo que ellos merecen. Trátame como tratarías a un pecador».

Y Dios lo hizo. «Cristo padeció una sola vez por los pecados, el justo por los injustos, para llevarnos a Dios» (1 Pedro 3.18).

Sí, la justicia es lo que Dios es, y sí la justicia no es lo que nosotros somos, y justicia es lo que Dios exige. Pero Dios «ha manifestado la justicia» (Romanos 3.21) para hacer que la gente esté en buena relación con Él.

David lo expresa así:«Me guiará por sendas de justicia» (Salmo 23.3).

La senda de justicia es una huella estrecha que sube serpenteando hacia una empinada montaña. En la cumbre hay una cruz. En la base de la cruz hay bolsas. Incontables bolsas llenas de innumerables pecados. El Calvario es un cúmulo de abono por la culpa. ¿Le gustaría dejar allí su bolsa?

Un pensamiento más sobre la fiestecita de las galletas de Navidad. ¿Sabían todos que yo no preparé mis galletas? Si no lo sabían, yo lo dije. Les dije que yo estaba allí en virtud del trabajo de otra persona. Mi única contribución fue mi propia confesión.

Nosotros diremos lo mismo por toda la eternidad.

9

Vencerse a Uno Mismo

La carga de la arrogancia

Por amor de su nombre...

Salmo 23.3

L a humildad es una virtud tan escurridiza. Una vez que uno piensa que la tiene, ya no está, o no debería pensar que la ha alcanzado. ¿Ha oído la historia del niño que recibió la insignia del «más humilde» y se la quitaron porque la usó?

Algo parecido me ocurrió una mañana. Me había ido a refugiar en un pueblo cercano para trabajar en este libro. La aldea es un escondite perfecto; es pintoresca, silenciosa, y las comidas son buenas.

Salí para ir a tomar desayuno a un café cuando noté que la gente me miraba. Cuando estacioné, dos individuos se dieron vuelta para mirarme. Una mujer hizo una doble toma al entrar y varias personas se me quedaban mirando al pasar. Cuando me senté, la mesera me dio un menú, pero no sin antes estudiarme detenidamente.

¿A qué se debía la atención? No podía ser mi cremallera; andaba con ropa de correr. Después de pensarlo un poco, tomé una postura madura y supuse que me reconocían por las fotos en las cubiertas de mis libros. *¡Cáspita! Este debe ser un pueblo de lectores*, me dije encogiéndome de hombros; *conocen un buen escritor cuado ven uno.* Mi aprecio por la aldea aumentó.

Con una sonrisa dedicada a los ocupantes de la otra mesa, me puse a disfrutar la comida. Cuando caminé hacia la caja, todas las cabezas se volvieron para mirar. *Estoy seguro que Steinbeck tenía el mismo problema.* Cuando la mujer me recibió el dinero quiso decir algo, pero se quedó callada. Abrumado, traté de adivinar.

Fue sólo cuando entré en el baño que vi la verdadera razón: en mi mentón había una franja de sangre reseca. Mi trabajo de remiendo cuando me afeité no había resultado y ahora lucía una perfecta barba de pavo.

Eso me pasó por sentirme famoso. Quizás hayan pensado que me había fugado de una cárcel de Texas.

¡Ah, las cosas que Dios hace para mantenernos humildes! Lo hace para nuestro bien, desde luego. ¿Pondría una silla de montar en las espaldas de su hijo de cinco años? ¿Dejará Dios que lleve sobre sí la montura de la arrogancia? De ninguna manera. Esta es una parte del equipaje que Dios aborrece. No desaprueba la arrogancia. No le desagrada la arrogancia. No está desfavorablemente dispuesto hacia la arrogancia. Dios la aborrece. Lo que una comida de gusanos produce en nuestro estómago es lo que el orgullo humano hace en el de Dios.

«La soberbia y la arrogancia...aborrezco» (Proverbios 8.13).

«Abominación es a Jehová todo altivo de corazón» (Proverbios 16.5)

Dios dice: «Nada hagáis por...vanagloria» (Filipenses 2.3). Y «Cesen las palabras arrogantes de vuestra boca» (1 Samuel 2.3). De la misma manera que da gracia a los humildes, «Dios resiste a los soberbios» (1 Pedro 5.5). Así como la humildad precede a la honra, «antes de la caída la altivez de espíritu» (Proverbios 16.18).

¿Se ha preguntado por qué hay iglesias que son poderosas en una generación, pero se vacían en la siguiente? Quizás la respuesta se encuentre en Proverbios 15.25: «Jehová asolará la casa de los soberbios».

Dios aborrece la arrogancia. Aborrece la arrogancia porque nada hemos hecho que justifique nuestra arrogancia. ¿Le dan el premio al lienzo los críticos de arte? ¿Hay un premio Pulitzer para la tinta? ¿Puede imaginar a un escalpelo que se ponga presuntuoso después de un exitoso trasplante de corazón? No, por supuesto. Son sólo instrumentos, y no reciben el crédito por lo que hacen.

El mensaje del Salmo 23 es que no tenemos de qué enorgullecernos. Tenemos descanso, salvación, bendición y un hogar en los cielos, y nada hicimos por ganar ni siquiera una pequeña parte de ello. ¿Quién lo hizo? ¿Quién trabajó? La respuesta recorre el salmo como un hilo de seda a través de las perlas:

«Me hará...»

«Me guiará...»

«Confortará mi alma...»

«Tú estarás conmigo...»

«Tu vara y tu cayado me infundirán aliento»

«Aderezas mesa...»

«Unges mi cabeza...»

Podríamos ser el lienzo, el papel, el escalpelo, pero no somos los merecedores del aplauso. Para asegurarse que captamos el punto, justo en medio del salmo, David declara quién lo hace. El pastor guía sus ovejas no por amor a nosotros, sino por «amor de su nombre».

¿Por qué Dios tiene algo que ver con nosotros? *Por amor de su nombre.* No aparece otro nombre en la marquesina. No hay otro nombre entre las luces. No hay otro nombre en la primera plana. Todo se hace para la gloria de Dios.

¿Por qué? ¿Cuál es el problema? ¿Tiene Dios un problema de ego?

No, pero nosotros lo tenemos. Entre nosotros y el aplauso hay una relación como la que yo tuve con la torta que gané en el primer grado. En la gran final del juego de las sillas musicales, ¿adivinan quién quedó con el asiento? ¿Adivinan qué ganó el pequeño pelirrojo pecoso? ¡Una suave y hermosa torta de coco! ¿Y adivinan qué quería hacer el niño esa misma noche, de una sentada? ¡Comérsela toda! No la mitad. No un trozo. ¡La quería toda! Después de todo me la había ganado.

¿Y sabe qué hicieron mis padres? Racionaron la torta. Me dieron sólo lo que podía comer. Sabían que la comilona de hoy se convertiría en dolor de vientre mañana, así que se aseguraron que no me enfermara debido al éxito.

Dios hace lo mismo. Él toma la torta. Él recibe el crédito, no porque lo necesite, sino porque sabe que no lo podemos administrar. No nos contentamos con un poco de adulación; queremos tragarla toda. Esto desarregla nuestros sistemas. El elogio nos hincha la cabeza y atrofia el cerebro, y pronto comenzamos a pensar que tuvimos algo que ver con nuestra supervivencia. Muy pronto olvidamos que somos polvo y rescatados del pecado.

Pronto comenzamos a orar como el miembro de un comité religioso: «Dios, te doy gracias porque el mundo tiene hombres como yo. El vecino de la esquina necesita del bienestar social, yo no. La prostituta en la calle tiene SIDA, yo no. El borracho en el bar necesita alcohol, yo no. Los grupos homosexuales necesitan moralidad, yo no. Te doy gracias de que el mundo tenga personas como yo».

Afortunadamente, en la misma reunión había un hombre que esquivaba todo aplauso. Muy contrito, tanto que no podía mirar al cielo, se inclinó y oró: «Dios, sé propicio a mí pecador. Como mi hermano que está bajo el bienestar social, yo también dependo de tu gracia. Como mi hermana con SIDA, estoy infectado con mis errores. Como mi hermano que bebe, necesito algo que alivie mis pesares. Y puesto que amas y das dirección al homosexual, concédemela a mí también. Sé propicio a mí pecador».

Después de contar una historia parecida a esta, Jesús dijo: «Os digo que éste descendió a su casa justificado antes que el otro; porque cualquiera que se enaltece, será humillado; y el que se humilla será enaltecido» (Lucas 18.14).

Con la misma intensidad que odia la arrogancia, Dios ama la humildad. Jesús dijo: «Soy manso y humilde de corazón» (Mateo 11.29), y Él ama al que es manso y humilde de corazón. «Jehová es excelso, y atiende al humilde» (Salmo 138.6). Dios dice: «Yo habito...con el...humilde» (Isaías 57.15). Además dice: «Miraré a aquel que es pobre y humilde de espíritu» (Isaías 66.2). Al humilde Dios da grandes tesoros:

Le da honra: «A la honra precede la humildad» (Proverbios 15.33).

Le da sabiduría: «Con los humildes está la sabiduría» (Proverbios 11.2).

Le da dirección: «Enseñaré a los mansos su carrera» (Salmo 25.9).

Lo más importante, le da gracia: «Dios … da gracia a los humildes» (1 Pedro 5.5).

Y esta seguridad: «Hermoseará a los humildes con la salvación» (Salmo 149.4).

Los santos más poderosos se han destacado por su humildad. Aunque había sido príncipe de Egipto y emancipado de los esclavos, Moisés, según dice la Biblia, «era muy manso, más que todos los hombres que había sobre la tierra» (Números 12.3).

El apóstol Pablo se salvó porque Jesús lo visitó. Había sido llevado a los cielos y podía resucitar muertos. Pero cuando se presentaba, no mencionaba esas cosas. Simplemente decía: «Pablo, siervo de Dios» (Tito 1.1).

Juan el Bautista estaba emparentado con Jesús y fue el primer evangelista de la historia, pero se le recuerda en las Escrituras como la persona que resolvió: «Es necesario que él crezca, pero que yo mengüe» (Juan 3.30).

Dios ama la humildad. ¿A eso se deberá que ofrece tantos consejos prácticos sobre el modo de cultivarla? ¿Puedo, humildemente, articular algunos?

1. *Evalúese honestamente*. La humildad no es lo mismo que la baja autoestima. Ser humilde no significa que usted piense que no tiene nada para ofrecer; significa que sabe exactamente lo que puede ofrecer y nada más. «Digo...a cada cual...que no tenga más alto concepto de sí que el que debe tener, sino que piense de sí con cordura, conforme a la medida de fe que Dios repartió a cada uno» (Romanos 12.3).

2. *No tome el éxito con demasiada seriedad*. La Escritura advierte: «Cuídate...no suceda que...la plata y el oro se te multipliquen, y todo lo que tuvieres se aumente; y se enorgullezca tu corazón» (Deuteronomio 8.13-14). Contrarreste este orgullo con recordatorios de la brevedad de la vida y la fragilidad de las riquezas.

Pondere su éxito y cuente su dinero en un cementerio, para que recuerde que nada de esto va al sepulcro con usted. «Como salió del vientre de su madre, desnudo, así vuelve, yéndose tal como vino; y nada tiene de su trabajo para llevar en su mano» (Eclesiastés 5.15). En un cementerio vi un recordatorio de esto. Estacionado cerca de la entrada había un hermoso yate de recreo con un letrero: Se vende. Uno se pregunta si el pescador comprendió que no se lo podría llevar consigo.

3. Celebre la importancia de los demás. «Con humildad, estimando cada uno a los demás como superiores a él mismo» (Filipenses 2.3). El columnista Rick Reilly dio este consejo a los atletas profesionales novatos: «Deja de golpearte el pecho. Bloqueada la línea, el defensa te envió una espiral perfecta aunque le golpearon la cabeza, y el *buen* recibidor logró los puntos. ¡Vamos, hombre!».[1]

La verdad es que toda marcación en la vida es un esfuerzo de equipo. Aplauda a sus compañeros de equipo. Un niño de la escuela elemental llegó a su casa después de una prueba para formar equipos para los juegos de la escuela. «Mamá, mamá», anunció, «me eligieron para aplaudir y gritar». Cuando usted tiene la oportunidad de aplaudir y gritar, ¿la aprovecha? Si lo hace, su cabeza comienza a adecuarse al tamaño de su sombrero.

4. No exija su propio lugar para estacionar. Esta fue la instrucción de Jesús a sus seguidores: «Vé y siéntate en el último lugar, para que cuando venga el que te convidó, te diga: Amigo, sube más arriba; entonces tendrás gloria delante de los que se sientan contigo a la mesa» (Lucas 14.10).

Exigir respeto es como cazar una mariposa. Síguela, y nunca la alcanzarás. Siéntate quieto, y se posará sobre tu hombro. El filósofo francés Blaise Pascal preguntó: «¿Quieres que la gente hable bien de ti? Nunca hables bien de ti mismo».[2]

Quizás por eso la Biblia dice: «Alábete el extraño, y no tu propia boca» (Proverbios 27.2).

5. Nunca anuncie el éxito antes que ocurra. O como dijo uno de los reyes de Israel: «No se alabe tanto el que se ciñe las armas, como el que las desciñe» (1 Reyes 20.11). Charles Spurgeon preparó a muchos ministros jóvenes. Una vez un estudiante se levantó para predicar con gran confianza, pero fracasó miserablemente. Bajó humillado y manso. Spurgeon le dijo: «Si hubieras subido como bajaste, habrías bajado como subiste».[3] Si la humildad precede al hecho, después puede llegar la confianza.

6. *Hable con humildad*. «Cesen las palabras arrogantes de vuestra boca» (1 Samuel 2.3). No seas engreído al hablar. La gente no se impresiona con sus opiniones. Aprende de Benjamín Franklin.

[Adquirí] el hábito de expresarme con palabras de modesta timidez, y dejé de usar expresiones anticipadas que pudieran quedar desmentidas como: con toda seguridad, indudablemente, absolutamente, o cualquiera otra que diese una autoridad positiva a una pura opinión. Más bien digo: Pienso que... Esto lo entiendo así... Creo que este hábito ha sido de gran utilidad para mí».[4]

¡También sería de gran utilidad para nosotros!

Un último pensamiento para promover la humildad.

7. *Viva al pie de la cruz*. Pablo dice: «Lejos esté de mí gloriarme sino en la cruz de nuestro Señor Jesucristo» (Gálatas 6.14). ¿Siente que necesita palabras que lo animen? ¿Necesita atención su autoestima? No es necesario que ande mencionando nombres importantes ni de que se ande luciendo delante de los demás. Sólo necesita detenerse al pie de la cruz y acordarse de esto: El Creador de las estrellas prefirió morir por usted antes que vivir sin usted. Ese es un hecho. Si necesita gloriarse, gloríese en eso. ¡Y mírese la barbilla de vez en cuando!

10

Te Llevaré al Hogar

La carga del sepulcro

Aunque ande en valle de sombra de muerte,
no temeré mal alguno, porque tú estarás conmigo;
tu vara y tu cayado me infundirán aliento

E s verano en la antigua Palestina. Una lanuda manada de cabezas inclinadas sigue al pastor que sale por la puerta. El sol matinal apenas se asoma sobre el horizonte, y él ya va guiando su rebaño. Como en los demás días, lo guía hacia las praderas. Pero a diferencia de los demás días, el pastor no regresará esta noche. No se acostará en su cama, y las ovejas no dormirán en su redil. Es el día en que el pastor lleva a las ovejas a las partes altas de la región. Hoy lleva su rebaño a las montañas.

No tiene opción. El pastoreo de la primavera ha dejado desnudo el suelo, de modo que debe buscar nuevos campos. Sin otra compañía que la de sus ovejas, y sin otro deseo que su bienestar, las guía a los densos pastos de las laderas de las montañas. Estarán durante semanas, quizás meses. Estarán hasta bien entrado el otoño, hasta que el pasto se haya acabado y el frío se haga insoportable.

No todos los pastores hacen este viaje. Es largo. El sendero es peligroso. Las plantas ponzoñosas pueden infectar el rebaño. Los animales salvajes pueden atacar al rebaño. Hay senderos estrechos y valles tenebrosos. Algunos pastores prefieren la seguridad de las desprovistas praderas de abajo.

Pero el buen pastor no se conforma con eso. Conoce el camino. Ha recorrido esta senda muchas veces. Además, está preparado, cayado en mano y la vara atada a su cintura. Con su cayado empuja suavemente el rebaño; con su vara los protegerá y guiará. Los conducirá hacia la montaña.

David sabía de este peregrinaje anual. Antes de guiar a Israel, guiaba ovejas. ¿Podría ese tiempo como pastor haber inspirado uno de los grandes versículos de la Biblia? «Aunque ande en valle de sombra de muerte, no temeré mal alguno, porque tú estarás conmigo; tu vara y tu cayado me infundirán aliento» (Salmo 23.4).

Porque lo que el pastor hace por su rebaño, nuestro Pastor lo hará por nosotros. Nos conducirá a las altas montañas. Cuando el pasto escasee aquí abajo, Dios nos conducirá hacia allá. Nos hará pasar la puerta, nos llevará a través de los valles y luego por el sendero de la montaña.

Pero, como escribe un pastor:

Cada montaña tiene sus valles. Sus lados están marcados por profundas quebradas, barrancos y otros accidentes. Y la mejor ruta hacia la cumbre siempre es través de estos valles.

Todo pastor familiarizado con las tierras altas lo sabe. Conduce su rebaño con cuidado, pero en forma persistente por el sendero serpenteante hacia arriba a través de oscuros valles.[1]

Algún día nuestro Pastor hará lo mismo con nosotros. Nos llevará hacia los montes a través del camino del valle. Nos guiará hasta su hogar a través del valle de sombra de muerte.

Hace muchos años, cuando vivía en Miami, la oficina de nuestra iglesia recibió una llamada de una funeraria cercana. Un hombre había identificado el cadáver de un indigente como el de su hermano y quería un culto fúnebre. No conocía ningún ministro en el sector. ¿Podíamos nosotros decir algunas palabras? El pastor y yo accedimos. Cuando llegamos, el hermano del muerto había seleccionado un versículo de una Biblia en castellano: «Aunque ande en valle de sombra de muerte, no temeré mal alguno, porque tú estarás conmigo; tu vara y tu cayado me infundirán aliento» (Salmo 23.4).

Necesitaba la seguridad de que, aunque su hermano había vivido solo, no había muerto solo. Y para tener esa seguridad había recurrido a este versículo. Usted probablemente hubiera hecho lo mismo.

Si ha asistido a un culto fúnebre, habrá oído estas palabras. Si ha caminado por un cementerio, seguramente las ha leído. Se citan en las tumbas de pobres y se hallan esculpidas en lápidas de reyes. Los que no conocen nada de la Biblia, conocen esto, por lo menos. Los que nunca mencionan las Escrituras pueden recordar este versículo, el del valle, las sombras y el pastor.

¿Por qué? ¿Por qué son tan apreciadas estas palabras? ¿Por qué es tan querido este versículo? Puedo pensar en un par de razones. En virtud de este salmo, David nos recuerda dos cosas importantes que pueden ayudarnos a vencer el temor del sepulcro.

Todos tenemos que enfrentarlo. En una vida marcada por citas con el doctor, citas con el dentista y citas con la escuela, hay una cita que ninguno de nosotros podrá eludir: la cita con la muerte. «Está establecido para los hombres que mueran una sola vez, y después de esto el juicio»

(Hebreos 9.27). ¡A cuántos les gustaría cambiar este versículo! Bastaría con cambiar un par de palabritas: «Para algunos de los hombres...», o «Casi todos, menos yo...», o «Todo el que deja de comer bien y de tomar vitaminas debe morir...» Pero esas no son las palabras de Dios. En su plan todos deben morir, aun los que comen bien y se toman sus vitaminas.

Yo podría haber dejado pasar el día sin recordarle eso. Hacemos todo lo posible por no abordar el tema. Un sabio, sin embargo, nos exhorta a enfrentar de lleno la realidad: «Aquello es el fin de todos los hombres, y el que vive lo pondrá en su corazón» (Eclesiastés 7.2). Salomón no fomenta una obsesión mórbida con la muerte. Nos recuerda que debemos ser sinceros en cuanto a lo inevitable.

Moisés dio la misma exhortación. En el único salmo atribuido a su pluma, oró: «Enséñanos de tal modo a contar nuestros días, que traigamos al corazón sabiduría» (Salmo 90.12).

El sabio tiene en cuenta la brevedad de la vida. El ejercicio puede darnos unos pocos latidos más. La medicina puede concedernos algunos respiros más. Pero a la postre, hay un fin. La mejor manera de enfrentar la vida es ser sincero acerca de la muerte.

David lo fue. Es cierto que dio muerte a Goliat, pero no se hizo ilusión alguna en cuanto eludir al gigante de la muerte. Aunque su primer recordatorio nos hace ser cautos, su segundo recordatorio nos anima: *No tenemos que enfrentar solos la muerte.*

No pase por alto el desplazamiento en el vocabulario de David. Hasta este punto, usted y yo hemos sido la audiencia y Dios ha sido el tema. «Jehová es mi pastor». «Me hará descansar». «Junto a aguas de reposo me pastoreará». «Confortará mi alma». «Me guiará por sendas de justicia». En los tres primeros versículos, David nos habla y Dios escucha.

Pero repentinamente, en el versículo cuatro, David habla a Dios y nosotros escuchamos. Es como si el rostro de David, hasta ahora dirigido hacia nosotros, ahora se levantara hacia Dios. Su poema se convierte en oración. En lugar de hablarnos a nosotros, le habla al Buen Pastor. «Estarás conmigo; tu vara y tu cayado, me infundirán aliento».

El mensaje implícito de David es sutil pero de gran importancia. No enfrentes la muerte sin enfrentar a Dios. Ni siquiera hables de muerte sin hablarle a Dios. Él y sólo Él puede guiarte a través del valle. Otros pueden especular o aspirar, pero sólo Dios sabe el camino para llevarte a su hogar. Sólo Dios está comprometido a llevarte hasta allá a salvo.

Años después que David escribió estas palabras, otro Pastor de Belén diría: «En la casa de mi Padre muchas moradas hay; si así no fuera, yo os lo hubiera dicho; voy, pues, a preparar lugar para vosotros. Y si me fuere y os preparare lugar, vendré otra vez, y os tomaré a mí mismo, para que donde yo estoy, vosotros también estéis» (Juan 14.2-3).

Nótese la promesa de Jesús: «Vendré otra vez, y os tomaré a mí mismo». Promete llevarnos al hogar. No delega esa tarea. Puede enviar misioneros que te enseñen, ángeles que te protejan, maestros que te guíen, cantores que te inspiren y médicos que te curen, pero no envía a otro para que te lleve. Esa tarea la reserva para sí mismo. «Vendré otra vez, y os tomaré conmigo». Él es su Pastor personal. Es personalmente responsable de llevarlo al hogar. Dado que Él está presente cuando muere alguna de sus ovejas, podemos decir lo que dijo David: «No temeré mal alguno».

Cuando mis hijas eran menores, pasamos muchas tardes disfrutando juntos la piscina. Como todos nosotros, tuvieron que vencer sus temores para nadar. Uno de los últimos temores que enfrentaron fue el temor a la profundidad. Una cosa es nadar en la superficie; otra es zambullirse hasta el fondo. ¿Quién sabe que clase de dragones y serpientes habitan las profundidades de una piscina de unos pocos metros cuadrados? Usted y yo sabemos que no hay mal que temer, pero una niña de seis años no lo sabe. Un niño siente hacia las profundidades lo mismo que usted y yo sentimos ante la muerte. No estamos seguros de lo que nos espera.

Yo no quería que mis hijas tuvieran miedo a lo profundo, así que con cada una jugué a Shamu, la ballena. Mi hija sería la entrenadora. Yo sería Shamu. Ella tenía que apretarse la nariz con los dedos, poner un brazo alrededor de mi cuello, y entonces nos iríamos a lo profundo. Íbamos más y más hondo hasta que podíamos tocar el fondo de la piscina. Luego subíamos rápidamente, hasta aparecer en la superficie. Después de varias zambullidas comprendieron que no tenían nada que temer. No temían mal alguno. ¿Por qué? Porque yo estaba con ellas.

Cuando Dios nos llame al profundo valle de la muerte, Él estará con nosotros. ¿Nos atreveríamos a pensar que Él nos abandonará en el momento de la muerte? ¿Obligaría un padre a sus hijos a descender solos a las profundidades? ¿Exigiría el pastor a sus ovejas que hagan solas el viaje hacia las tierras altas? Por cierto que no. ¿Exigiría Dios a su hijo que viajara solo a la eternidad? ¡Absolutamente no! ¡Él está contigo!

Lo que Dios dijo a Moisés se lo dice a usted: «Mi presencia irá contigo, y te daré descanso» (Éxodo 33.14).

Lo que Dios dijo a Jacob se lo dice a usted: «Yo estoy contigo, y te guardaré por dondequiera que fueres» (Génesis 28.15).

Lo que Dios dijo a Josué se lo dice a usted: «Como estuve con Moisés, estaré contigo; no te dejaré ni te desampararé» (Jos 1.5).

Lo que Dios dijo a la nación de Israel se lo dice a usted: «Cuando pases por las aguas, yo estaré contigo» (Isaías 43.2).

El Buen Pastor está con usted. Porque está con usted, puede decir lo que David dijo: «No temeré mal alguno, porque tú estarás conmigo; tu vara y tu cayado me infundirán aliento».

Hace años, un capellán del ejército francés usó el Salmo 23 para animar a los soldados antes de la batalla. Les pidió que repitieran la oración inicial del salmo, tocando un dedo a la vez por cada palabra. El dedo meñique era *El;* el dedo anular era *Señor;* el dedo cordial, *es;* el dedo índice, *mi;* y el pulgar, *Pastor.* Luego pidió a cada soldado que escribiera las palabras en la palma de la mano y repitiera el versículo cuando necesitara fortaleza.

El capellán puso especial énfasis en el mensaje del dedo índice: *mi.* Recordó a los soldados que Dios es un pastor personal con una misión personal: llevarlos a salvo a su hogar.

¿Dieron en el blanco las palabras del capellán? Por lo menos en la vida de un hombre, sí. Después de una batalla, hallaron muerto a uno de los jóvenes soldados. Su mano derecha tenía aferrado el dedo índice de la izquierda. «El Señor es mi pastor...»[2]

Que la hora final le encuentre aferrado a la misma esperanza.

11

Cuando Llega el Dolor

La carga de la tristeza

Aunque ande en valle de sombra de muerte...

SALMO 23:4

C arlos Andrés Baisdon-Niño estaba acostado con su libro favorito de historias bíblicas. Desde la primera página lo hojeó hasta el final. Cuando hubo terminado, lanzó un beso de buenas noches a mamá y papá, a sus tres «*niñas*», y luego uno a Papá Dios. Cerró los ojos, se entregó al sueño y despertó en el cielo.

Carlos tenía tres años.

Cuando sus padres, Tim y Betsa, y yo nos reunimos para programar el funeral, querían que yo viera un video de Carlos. «Debiera verlo bailando», me dijo Tim. Una mirada me bastó para entender por qué. La forma en que el pequeño Carlos llevaba el ritmo de una canción latina no se puede describir con palabras. Se estremecía de arriba a abajo. Movía los pies, balanceaba los brazos, hacía oscilar la cabeza. Daba la impresión que el ritmo cardiaco había subido para estar a la altura de su nativo pulso colombiano.

Nos reímos; los tres reímos. En la risa, por sólo un momento, Carlos estuvo con nosotros. Por un momento no hubo leucemia, jeringas, sábanas ni quimioterapia. No hubo lápida que esculpir ni sepultura que cavar. Sólo estaba Carlos. Y Carlos estaba bailando.

Pero cuando se detuvo el video, se detuvo también la risa. El papá y la mamá reiniciaron su lento caminar por el valle de sombra de muerte.

¿Está pasando usted por la misma sombra? ¿Sostienen este libro las mismas manos que tocaron el rostro helado de un amigo? Los ojos que recorren estas páginas, ¿contemplaron también el cuerpo sin aliento de un marido, una esposa o un hijo? ¿Va usted por el valle? Si no, este capítulo puede parecer innecesario. Siéntase libre de avanzar; aquí estará cuando lo necesite.

Sin embargo, si es así, debe saber que el bolso negro de la tristeza es difícil de llevar.

Es difícil de cargar porque no todos entienden su pesar. Al principio sí. En el funeral. Junto al sepulcro. Pero no ahora; no entienden que la tristeza permanece.

Tan silenciosamente como una nube se interpone entre usted y el sol de la tarde, los recuerdos se deslizan entre usted y el gozo, y lo dejan en una sombra helada. No hay advertencia; no hay aviso. Basta el olor de la colonia que usaba o un verso de una canción que le gustaba, y usted está otra vez en la triste despedida.

¿Por qué la tristeza no se aparta de usted?

Porque sepultó más que una persona. Sepultó algo de usted mismo. John Donne dijo: «La muerte de cualquier hombre me disminuye». Es como si la raza humana residiera en un gran trampolín. Cuando uno se mueve, todos lo sienten, y mientras más cercana la relación, más emotiva es la partida. Cuando alguien que usted ama muere, se siente muy afectado.

Le afecta los sueños.

Hace algunos años, mi esposa y yo prestábamos servicio con otros misioneros en Río de Janeiro, Brasil. Nuestro grupo estaba formado por varias parejas jóvenes que, por estar lejos de nuestra tierra, nos hicimos muy íntimos. Nos regocijamos enormemente cuando dos miembros de nuestro grupo, Marty y Ángela anunciaron que esperaban su primer hijo.

Sin embargo, el embarazo fue difícil, y el gozo dio paso a la preocupación. A Ángela se le indicó que debía permanecer en cama, y se nos pidió que permaneciésemos en oración. Lo hicimos. El Señor nos respondió, aunque no como deseábamos. El bebé murió en la matriz.

Nunca he podido olvidar el comentario de Marty: «Murió algo más que un bebé, Max. Murió un sueño».

¿Por qué permanece la tristeza? Porque usted trata con algo más que recuerdos: usted lucha con mañanas no vividos aún. No sólo está luchando contra la tristeza: lucha contra la desilusión. Lucha contra la ira.

Puede estar en la superficie. Puede ir por dentro. Puede ser una llama. Puede ser un soplete. Pero la ira vive en la casa del dolor. Ira por sí mismo. Ira por la vida. Ira por los militares, por el hospital o por el sistema de carreteras. Pero por sobre todo, ira por Dios. Ira que asume la forma de una pregunta de dos palabras breves: ¿Por qué? ¿Por qué él? ¿Por qué ella? ¿Por qué a nosotros?

Usted y yo sabemos que no podemos responder esa pregunta. Sólo Dios sabe las razones que hay detrás de sus acciones. Pero hay una verdad clave sobre la cual podemos permanecer.

Nuestro Dios es un Dios bueno.

«Bueno y recto es Jehová» (Salmo 25.8).

«Gustad, y ved que es bueno Jehová» (Salmo 34.8).

Dios es un Dios bueno. Aquí es donde debemos empezar. Aunque no entendamos sus acciones, podemos confiar en su corazón.

Dios sólo hace lo bueno. Pero, ¿cómo puede ser buena la muerte?

Algunos dolientes no hacen esta pregunta. Cuando la cantidad de los años ha superado la calidad de los años, no preguntamos cómo puede ser buena la muerte.

Pero el padre de la adolescente muerta pregunta. La viuda de treinta años pregunta. Los padres de Carlitos también. Mis amigos en Río también lanzan la pregunta. ¿Cómo puede ser buena la muerte? Parte de la respuesta puede hallarse en Isaías 57.1-2: «Perece el justo, y no hay quien piense en ello; y los piadosos mueren, y no hay quien entienda que de delante de la aflicción es quitado el justo. Entrará en la paz, descansarán en sus lechos todos los que andan delante de Dios».

La muerte es el método de Dios para sacar del mal a la gente. ¿De qué clase de mal? ¿Una enfermedad extensa? ¿Una adicción? ¿Una tenebrosa ocasión para la rebelión? No sabemos, pero sí sabemos que ninguna persona vive un día más ni un día menos de lo establecido por Dios. «En tu libro estaban escritas todas aquellas cosas que fueron luego formadas, sin faltar una de ellas» (Salmo 139.16).

Pero sus días fueron tan pocos...

Su vida fue tan breve...

Así nos parece a nosotros. Hablamos de una vida breve, pero en comparación con la eternidad, ¿quién tiene una vida larga? Los días de vida de una persona en la tierra pueden parecer como una gota en el océano. Los suyos y los míos parecen una gotita. Pero en comparación con el Pacífico de la eternidad, aun los años de Matusalén no alcanzan a llenar una copita. Santiago no habla sólo a los jóvenes cuando dice: «¿Qué es vuestra vida? Ciertamente es neblina que se aparece por un poco de tiempo, y luego se desvanece» (Stg 4.14).

En el plan de Dios, cada vida es suficientemente larga y cada muerte ocurre en el momento oportuno. Aunque usted y yo pudiéramos desear una vida más larga, Dios sabe mejor las cosas.

Y, esto es importante, aunque usted y yo quisiéramos una vida más larga para nuestros seres amados, ellos no. Irónicamente, el primero que acepta la decisión de Dios acerca de la muerte es el que muere.

Mientras todavía movemos la cabeza sin creer lo que ha ocurrido, ellos elevan sus manos en adoración. Mientras lloramos junto al sepulcro, ellos están maravillados en el cielo. Mientras lanzamos preguntas a Dios, ellos lo están alabando.

Pero, Max, ¿qué de los que mueren sin fe? Mi marido nunca oró. Mi abuelo nunca asistió a un culto. Mi madre nunca abrió una Biblia, y mucho menos su corazón. ¿Qué del que nunca creyó?

¿Cómo sabemos que no creyó?

¿Quién entre nosotros conoce los pensamientos finales de una persona? ¿Quién entre nosotros sabe lo que ocurre en los momentos finales? ¿Estás seguro que no oró? La eternidad puede doblar la rodilla más soberbia. ¿Podría alguien mirar el inmenso abismo de la muerte sin murmurar una oración pidiendo misericordia? Y nuestro Dios, que favorece al humilde, ¿podría resistirlo?

No pudo en el Calvario. La confesión del ladrón en la cruz fue la primera y la última. Pero Cristo la escuchó. Cristo la aceptó. Quizás usted nunca haya oído que su ser amado confiesa a Cristo, pero, ¿quién asegura que Cristo no le haya oído?

No conocemos los pensamientos finales de un alma moribunda, pero esto sabemos: Sabemos que Dios es bueno. Dios «es paciente para con nosotros, no queriendo que ninguno perezca, sino que todos procedan al arrepentimiento» (2 Pedro 3.9). Más que usted mismo, Dios desea que sus seres queridos estén en el cielo. Y Él generalmente obtiene lo que desea.

¿Sabe qué más desea Dios? Desea que hagamos frente a nuestros pesares. Ni la negación ni la subestimación son parte de la terapia divina para el dolor.

David pasó por esto. Cuando se enteró de la muerte de Saúl y Jonatán, David y todo el ejército rasgaron sus vestiduras, lloraron a gritos, y ayunaron hasta la puesta del sol. Su lamento fue intenso y público. «Montes de Gilboa, ni rocío ni lluvia caiga sobre vosotros», lloró, «ni seáis tierra de ofrendas... Saúl y Jonatán, amados y queridos; inseparables en su vida, tampoco en su muerte fueron separados. Más ligeros eran que águilas, más fuertes que leones» (2 Samuel 1.21-23).

David no sólo cantó esta elegía, sino que «dijo que debía enseñarse a los hijos de Judá» (v. 18). A la muerte no se le resta importancia, ni se pasa por alto. Enfréntela, luche contra ella, cuestiónela o condénela, pero no la niegue. Como dijo su hijo Salomón: Es «tiempo de llorar» (Eclesiastés 3.4). No oiga, pero perdone a quienes lo exhortan a no llorar.

Dios le guiará *a través,* no alrededor, del valle de sombra de muerte. Y, de paso, ¿no le da alegría que sea sólo una sombra?

El Dr. Donald Grey Barnhouse cuenta de la ocasión en que murió su primera esposa. Él y sus hijos regresaban a casa desde el funeral, vencidos por el dolor. Buscaba una palabra de consuelo para hablarles, pero no pudo pensar en nada. Entonces un camión con un furgón grande los adelantó. Cuando pasó, la sombra del camión cubrió el auto. El Dr. Barnhouse tuvo una inspiración. Se volvió hacia su familia y preguntó: «Hijos, preferirían ser atropellados por un camión o por su sombra?»

Los niños respondieron: «Por supuesto, papá, preferiríamos que nos atropellara su sombra. Una sombra no podría lastimarnos».

El Dr. Barnhouse explicó: «¿Saben que hace dos mil años el camión de la muerte atropelló al Señor Jesús... para que sólo su sombra nos atropellara a nosotros?» [1]

Nosotros enfrentamos la muerte, pero gracias a Jesús, sólo enfrentamos su sombra. Gracias a Jesús creemos que nuestros seres queridos son felices y que los pequeños Carlitos del mundo están danzando como nunca antes.

12

Del Pánico a la Paz

La carga del temor

No temeré mal alguno

E s la expresión de Jesús lo que nos asombra. Nunca hemos visto su rostro en esta forma.

Jesús sonriente, sí.

Jesús llorando, nunca.

Jesús severo, aun eso.

Pero ¿Jesús angustiado? ¿Con las mejillas surcadas de lágrimas? ¿Con el rostro bañado en sudor? ¿Con gotas de sangre corriendo por su barbilla? Usted recuerda esa noche.

Jesús salió de la ciudad y fue al Monte de los Olivos, como solía hacerlo, y sus seguidores fueron con Él. Cuando llegó al lugar, les dijo: «Orad que no entréis en tentación».

Luego se alejó como a un tiro de piedra de ellos. Se arrodilló y oró: «Padre, si quieres, pasa de mí esta copa; pero no se haga mi voluntad, sino la tuya». Entonces apareció un ángel del cielo que lo confortaba. Lleno de dolor, Jesús oraba más intensamente. Su sudor era como gotas de sangre que caían en tierra (Lucas 22.39-44).

La Biblia que yo tenía en mi niñez tenía un cuadro de Jesús en el huerto de Getsemaní. Su rostro era apacible, y tenía las manos juntas en serena calma mientras, arrodillado junto a una roca, oraba. Se veía sereno. Una lectura de los Evangelios nos aparta de esa imagen. Marcos dice: «Se postró en tierra» (Marcos 14.35).

Mateo nos dice que Jesús «comenzó a entristecerse y a angustiarse en gran manera» (Mateo 26.37). Según Lucas, Jesús estaba en «agonía» (Lucas 22.44).

Armado de estos pasajes, ¿cómo pintaría esta escena? ¿Jesús tendido en tierra? ¿Con el rostro en el polvo? ¿Con los brazos extendidos, arrancando pasto? ¿El cuerpo que sube y baja en sollozos? ¿El rostro torcido, deformado como los olivos que le rodeaban?

¿Qué hacemos con esta imagen de Jesús?

Simple. Nos volvemos a ella cuando nos sentimos igual. Leemos esto cuando nos sentimos así; leemos esto cuando tenemos miedo. Porque, ¿no era el temor una de las emociones que Jesús sintió? Se podría argumentar que el temor era la emoción primaria. Veía en el futuro algo tan feroz, tan aprensivo que oró por un cambio de planes. «Padre, si quieres, pasa de mí esta copa; pero no se haga mi voluntad sino la tuya» (Lucas 22.42)

¿Qué es lo que nos hace presentar la misma oración? ¿El subir a un avión? ¿Enfrentar una multitud? ¿Hablar en público? ¿Tomar un trabajo? ¿Tomar un cónyuge? ¿Conducir por la autopista? La fuente de su temor puede parecerle pequeña a otros. Pero a usted, le enfría los pies, le hace saltar el corazón y le lleva la sangre al rostro. Eso le pasó a Jesús.

Tenía tanto miedo que sangró. Los médicos describen esta condición como hematohidrosis. La ansiedad grave provoca que se liberen elementos químicos que rompen los capilares en las glándulas sudoríficas. Cuando ocurre esto, el sudor sale teñido con sangre.

Jesús estaba más que ansioso; tenía miedo. El miedo es el hermano mayor de la preocupación. Si la preocupación es una bolsa de arpillera, el temor es un baúl de concreto. No se puede mover.

Es notable que Jesús sintiera tal temor. Pero qué bondad la suya al contárnoslo. Nosotros tendemos a hacer lo contrario. Disfrazamos nuestros miedos. Los ocultamos. Ponemos las manos sudorosas en los bolsillos, la náusea y la boca seca las mantenemos en secreto. Jesús no lo hizo así. No vemos una máscara de fortaleza. Escuchamos una petición de fortaleza.

«Padre, si es tu voluntad, quita esta copa de sufrimiento». El primero en oír este temor es el Padre. Pudiera haber acudido a su madre. Podría haber confiado en sus discípulos. Podría haber convocado una reunión de oración. Todo podría ser apropiado, pero ninguna otra cosa era su prioridad. Se dirigió primero a su Padre.

Ah, ¡qué tendencia la nuestra de acudir a cualquiera! Primero al bar, al consejero, al libro de autoayuda o al vecino amigo. Jesús no. El primero en oír su temor fue su Padre en los cielos.

Mil años antes, David exhorta a los temerosos que hagan lo mismo. «No temeré mal alguno». ¿Cómo podía David hacer tal afirmación? Porque sabía dónde poner los ojos. «Tú estarás conmigo; tu vara y tu cayado me infundirán aliento».

En vez de volverse a las demás ovejas, David se volvió al Pastor. En vez de mirar los problemas, miró la vara y el cayado. Por cuanto sabía a dónde mirar, podía decir: «No temeré mal alguno».

Conozco a alguien que le tenía miedo a la gente. Cuando estaba rodeado por grandes grupos, su aliento se le cortaba, afloraba el pánico y comenzaba a sudar como un luchador de sumo en un sauna. Curiosamente, lo ayudó un compañero de golf.

Estaban los dos en un cine esperando su turno para entrar, cuando lo acosó nuevamente el temor. La gente lo rodeaba como un bosque. Quería escapar y pronto. Su amigo le dijo que respirara hondo. Luego le ayudó a manejar la crisis recordándole la cancha de golf.

«Cuando vas a golpear la pelota para sacarla de la hierba alta, y estás rodeado de árboles, ¿qué haces?»

«Busco un claro»

«¿Miras los árboles?»

«Por supuesto que no. Busco un claro y me preocupo de tirar la bola por ese lugar».

«Haz lo mismo con la gente. Cuando sientas pánico, no te fijes en la gente, fíjate en el claro».

Buen consejo en el golf. Buen consejo para la vida. En vez de concentrarse en el temor, concentrarse en la solución.

Eso fue lo que Jesús hizo.

Eso fue lo que David hizo.

Eso es lo que nos exhorta a hacer el autor de Hebreos. «Corramos con paciencia la carrera que tenemos por delante, puestos los ojos en Jesús, el autor y consumador de la fe» (Hebreos 12.1-2).

El autor de Hebreos no era golfista, pero podía haber sido un corredor, porque habla de uno que corre y de un precursor. El precursor es Jesús, «el autor y consumador de la fe». Él es el autor: es quien escribió el libro de la salvación. Y es el consumador: no sólo preparó el mapa, sino que hizo resplandecer el sendero. Él es el precursor, nosotros corremos detrás. Mientras corremos se nos exhorta a fijar los ojos en Jesús.

Yo corro. La mayor parte de las mañanas me arrastro fuera de la cama y ¡a la calle! No corro rápido. Y en comparación con los maratonistas, no voy lejos. Pero corro. Corro porque no me gustan los cardiólogos. Nada personal. Pero es que precisamente yo provengo de una familia que los mantiene en el negocio. Uno le dijo a papá que necesitaba retirarse. Otro le abrió el pecho a mamá y a mi hermano. Me gustaría ser el primer miembro de la familia que no tiene el número del cirujano del corazón en su lista de emergencias.

Puesto que la enfermedad del corazón recorre mi familia, yo recorro mi barrio. Cuando el sol sale, estoy corriendo. Mientras corro mi cuerpo gime. No quiere cooperar. Me duele la rodilla. Tengo la cadera rígida. Los talones se quejan. A veces los que pasan se ríen de mis piernas, y mi ego queda dolorido.

Las cosas duelen. Como las cosas duelen, he aprendido que tengo tres opciones. Volver a casa (Denalyn se reiría de mí). Meditar en mis dolores hasta que comience a imaginar que me duele el pecho (pensamiento placentero). O puedo seguir corriendo y contemplar la salida del sol. Mi ruta se dirige al oriente y me da un asiento en primera fila para el milagro matutino de Dios. Cuando veo que el mundo de Dios pasa de oscuro a dorado, ¿saben qué? Lo mismo ocurre en mi actitud. El dolor pasa y las articulaciones se relajan, y antes de darme cuenta, la carrera ha pasado de la mitad y la vida no es tan mala. Todo mejora cuando pongo los ojos en el sol.

¿No consistía en eso el consejo de Hebreos? «Puestos los ojos en Jesús». ¿Cuál era el enfoque de David? «Tú estarás conmigo, tu vara y tu cayado me infundirán aliento».

¿Cómo soportó Jesús el terror de la crucifixión? Primero fue al Padre con sus temores. Fue ejemplo de las palabras del Salmo 56.3: «En el día que temo, yo en ti confío».

Haga lo mismo con sus temores. No eluda los huertos de Getsemaní de la vida. Entre en ellos. Pero no entre solo. Mientras esté allí, sea honesto. Se permite golpear el suelo. Se permiten las lágrimas. Y si su sudor se convierte en sangre, no será usted el primero. Haga lo que Jesús hizo: abra su corazón.

Y sea específico. Jesús lo fue. «Pasa *esta* copa», oró. Dígale a Dios el número de su vuelo. Cuéntele la longitud de su discurso. Déle a conocer los detalles del cambio de trabajo. Él tiene mucho tiempo. También tiene mucha compasión.

Él no piensa que sus temores son necios o vanos. No le dirá «Anímate», ni «Mantente firme». Él ya pasó por eso. Sabe cómo se siente.

Él sabe lo que usted necesita. Por eso condicionamos la oración como Jesús lo hizo: «Si quieres...»

¿Quería Dios? Sí y no. No le quitó la cruz, pero le quitó el temor. Dios no acalló la tempestad, tranquilizó a los marinos.

¿Quién dice que no hará lo mismo por usted?

«Por nada estéis afanosos, sino sean conocidas vuestras peticiones delante de Dios en toda oración y ruego, con acción de gracias» (Filipenses 4.6).

No mida la altura de la montaña; hable a aquel que la puede mover. En vez de llevar el mundo a sus espaldas, háblele al que sostiene el universo en las suyas. Tener esperanza es mirar hacia adelante.

Ahora bien, ¿hacia dónde estaba usted mirando?

13

Noches Silenciosas y Días Solitarios

La carga de la soledad

Tú estarás conmigo

U n amigo mío trabajaba en una farmacia mientras estudiaba en la Universidad de Texas. Su trabajo consistía en hacer entregas en algunos hogares de ancianos en la zona de Austin. Una tarea adicional era un breve viaje a una puerta vecina.

Cada cuatro días se echaba al hombro una gran botella de agua y la llevaba más o menos cincuenta pasos a un edificio detrás de la farmacia. La cliente era una anciana de unos setenta años que vivía sola en una habitación oscura, con escasos muebles y falta de asco. Del cielo raso colgaba una bombilla. El empapelado estaba manchado y roto. Las cortinas cerradas, y la habitación se veía lúgubre. Steve dejaba el agua, recibía el pago, daba gracias a la señora y salía. Con el transcurso del tiempo comenzó a sentirse extrañado por esa compra. Supo que la mujer no tenía otra fuente de agua. Dependía de su entrega para lavar, bañarse y beber durante cuatro días. Extraña elección. El agua municipal era más barata. La ciudad le hubiera facturado de doce a quince dólares mensuales; sin embargo, su pedido en la farmacia alcanzaba cincuenta dólares al mes. ¿Por qué no eligió el aprovisionamiento más barato?

La respuesta estaba en el sistema de entrega. Sí, el agua municipal costaba menos. Pero la ciudad enviaba solamente el agua; no enviaba una persona. Ella prefería pagar más y ver un ser humano que pagar menos y no ver a nadie.

¿Cómo puede alguien estar tan solo?

Parece que David también. Algunos de sus salmos tienen el sentimiento de una encina solitaria en una pradera invernal.

Escribió:

Mírame, y ten misericordia de mí,
Porque estoy solo y afligido (Salmo 25.16).

Me he consumido a fuerza de gemir;
Todas las noches inundo de llanto mi lecho.
Riego mi cama con mis lágrimas.
Mis ojos están gastados de sufrir; se han envejecido
   (Salmo 6.6-7).

David sabía lo que es sentirse solo... traicionado.

Cuando ellos enfermaron, me vestí de cilicio;
Afligí con ayuno mi alma,
Y mi oración se volvía a mi seno.
Como por mi compañero, como por mi hermano andaba;
Como el que trae luto por madre, enlutado me humillaba.

Pero ellos se alegraron en mi adversidad, y se juntaron;
Se juntaron contra mí gentes despreciables, y yo no lo entendía;
Me despedazaban sin descanso;
Como lisonjeros, escarnecedores y truhanes,

Crujieron contra mí sus dientes.

Señor, ¿hasta cuándo verás esto? (Salmo 35.13-17).

David sabía lo que era sentir la soledad.

La conoció en su familia. Era uno de los ocho hijos de Isaí. Pero cuando Samuel pidió ver a los hijos de Isaí, nadie tomó en cuenta a David. El profeta contó y preguntó si había otro hijo en alguna parte. Isaí reaccionó como alguien que olvida las llaves. «Queda aún el menor, que apacienta las ovejas» (1 Samuel 16.11).

La expresión que usó Isaí, «el menor», no era un cumplido. Lo que dijo literalmente era: «También tengo otro, pero es un mocoso». Algunos de ustedes fueron el mequetrefe de la familia. Al mequetrefe hay que aguantarlo y no perderlo de vista. Ese día pasaron por alto al muchacho. ¿Cómo se sentiría usted si en una reunión de la familia no estuviera incluido su nombre?

Las cosas no mejoraron cuando cambió de familia.

Su inclusión en la familia real fue idea del rey Saúl. Su exclusión fue idea de Saúl también. Si no se agacha, David habría quedado clavado a la pared por la espada del celoso rey. Pero David eludió el golpe, y corrió. Durante diez años huyó. Se refugió en el desierto. Dormía en cuevas, sobrevivía como los animales salvajes. Lo odiaban y perseguían como a un chacal.

Para David la soledad no era una experiencia ajena.

Para usted tampoco. Ahora usted habrá aprendido que no tiene que estar solo para sentir la soledad. Hace dos mil años, la población de la tierra era de 250 millones de personas. Ahora hay más de 5 mil millones. Si la soledad se curara con la presencia de personas, habría menos soledad en la actualidad. Pero la soledad permanece.

Muy al principio de mi ministerio dije en la oración del culto matinal: «Gracias, Señor, por todos nuestros amigos. Tenemos tantos, que no podemos dedicar tiempo a todos ellos». Terminado el culto, un exitoso hombre de negocios me corrigió: «Quizás usted tenga más amigos que los que puede ver. No es mi caso. Yo no tengo ni siquiera un amigo». Una persona puede estar rodeada de una iglesia y todavía sentirse solo.

La soledad no es la ausencia de rostros. Es la ausencia de intimidad. La soledad no proviene de estar solo; proviene de sentirse solo. Sentir como si usted estuviera

enfrentando la muerte solo,

enfrentando la enfermedad solo,

enfrentando el futuro solo.

Sea que ocurra en su cama durante la noche o mientras se dirige al hospital, en el silencio de una casa vacía o en medio de un bar muy concurrido, la soledad se presenta cuando uno piensa: *Me siento tan solo. ¿Le importa a alguien?*

Las bolsas de la soledad se presentan en todas partes. Están diseminadas en los pisos de los internados estudiantiles y en los clubes. Las arrastramos hasta las fiestas y generalmente las llevamos de regreso. Las encontrará junto al escritorio del agotado trabajador, junto a la mesa del comilón, y en la mesa de noche del que encuentra compañía por una noche solamente. Probamos cualquier cosa para tratar de dejar nuestra soledad. Esta es una bolsa que queremos dejar muy pronto.

Pero, ¿deberíamos hacerlo? ¿Debemos estar prontos a desecharla? En vez de apartarnos de la soledad, ¿qué tal si nos volvemos hacia ella? ¿Podría ser que la soledad fuera no una maldición sino un regalo? ¿Un regalo de Dios?

Un momentito, Max. No puede ser. La soledad agobia mi corazón. La soledad me deja vacío y deprimido. La soledad es cualquier cosa, menos un regalo.

Quizás tenga razón, pero sígame por un momento. Me pregunto si la soledad no será la forma de Dios de llamar nuestra atención.

Esto es lo que quiero decir. Suponga que pide prestado el auto a un amigo. La radio no funciona, pero sí el aparato de discos compactos. Usted revisa la colección en busca de su estilo de música, digamos, música del campo. Pero no encuentra nada. Él tiene sólo el estilo que a él le agrada: música clásica.

Es un viaje largo. Y usted puede conversar consigo mismo sólo por un rato. Entonces al fin toma un disco compacto. Le gustaría guitarra, pero sólo encuentra tenores. Al principio es tolerable. Luego saturan el aire. Pero finalmente puede disfrutar de ello. Su corazón capta el ritmo de los timbales, en su cabeza vibran los cellos, y aun se sorprende intentando un concierto italiano. «Esto no está tan malo».

Ahora, permítame preguntarle. ¿Habría descubierto esto por sí mismo? No. ¿Qué lo llevó a ello? ¿Qué hizo que usted escuchara música que nunca antes le había interesado? Sencillo. No le quedaba otra opción. No tenía otro lugar donde ir. Finalmente, cuando el silencio era tan imponente, usted decidió escuchar una canción que nunca había escuchado.

¡Cuánto desea Dios que usted escuche su música!

Tiene un ritmo que correrá por su corazón y una lírica que le conmoverá hasta las lágrimas. ¿Quiere un viaje hasta las estrellas? Él le puede llevar hasta allá. ¿Quiere acostarse en paz? Su música puede apaciguar su alma.

Pero primero, tiene que librarse de esa música campesina. (Perdón. Es sólo un ejemplo).

Así es que comienza a revisar los discos compactos. Un amigo se va. El trabajo se pone malo. Su esposa no lo entiende. La iglesia es aburrida. Una por una va quitando las opciones hasta que lo único que le queda es Dios.

¿Haría Dios eso? Claro que sí. «El Señor al que ama, disciplina» (Hebreos 12.6). Si es necesario silenciar todas las voces, Dios lo hará. Quiere que usted oiga su música. Quiere que usted descubra lo que descubrió David y sea capaz de decir lo que David dijo:

«Tú estarás conmigo».

Sí, Señor, tú estás en los cielos. Sí, tú gobiernas el universo. Sí, te sientas por sobre las estrellas y haces tu hogar en lo profundo. Pero sí, sí, sí, tú estarás conmigo.

El Señor está conmigo. El Creador está conmigo. Jehová está conmigo.

Moisés lo proclamó: «¿Qué nación grande hay que tenga dioses tan cercanos a ellos como lo está Jehová nuestro Dios en todo cuanto le pedimos?» (Deuteronomio 4.7).

Pablo lo anunció: «No está lejos de cada uno de nosotros» (Hechos 17.27).

Y David lo descubrió: «Tú estás conmigo».

En algún lugar en la pradera, en el desierto o en el palacio, David descubrió que Dios hablaba en serio cuando dijo:

«No te dejaré» (Génesis 28.15).

«No dejaré a mi pueblo» (1 Reyes 6.13).

«No abandonará Jehová a su pueblo» (Salmo 94.14).

«Jehová tu Dios... no te dejará, ni te desamparará» (Deuteronomio 31.6).

El descubrimiento de David es el mensaje de la Biblia: *Jehová está con nosotros*. Y, puesto que el Señor está cerca, todo es diferente. ¡Todo!

Puede enfrentar la muerte, pero no está solo al enfrentarla; el Señor está con usted. Puede enfrentar el desempleo, pero no está solo al enfrentarlo; el Señor está con usted. Puede enfrentar graves luchas matrimoniales, pero no está solo al enfrentarlas; el Señor está con usted. Puede enfrentar deudas, pero no está solo al enfrentarlas; el Señor está con usted.

Subraye estas palabras: No está solo.

La familia se le puede volver en contra, pero Dios no. Sus amigos lo pueden traicionar, pero Dios no. Puede sentirse solo en el desierto, pero no está solo. Él está a su lado. Y dado que Él está, todo es diferente. *Usted* es diferente.

Dios cambia la situación. Usted pasa de ser un *solitario* a ser *amado*.

Cuando uno sabe que Dios lo ama, no se va a desesperar porque no tiene el amor de otros.

Ya no será un hambriento comprador que entra al mercado. ¿Ha ido alguna vez a comprar al mercado con el estomago vacío? Compra todo lo que no necesita. No importa si es bueno para usted. Sólo quiere llenarse la barriga. Cuando usted está solo, hace lo mismo en la vida, y saca cosas de la estantería, no porque las necesite, sino porque tiene hambre de amor.

¿Por qué lo hacemos? Porque estamos solos para enfrentar la vida. Por temor de no caer bien, tomamos drogas. Por temor de no destacarnos, usamos cierta clase de ropa. Por temor de parecer poca cosa, nos endeudamos y compramos una casa. Por temor de pasar inadvertidos, nos vestimos para seducir o para impresionar. Por temor de dormir solos, dormimos con cualquiera. Por temor de no ser amados, buscamos amor en lugares malos.

Pero todo eso cambia cuando descubrimos el perfecto amor de Dios. «El perfecto amor echa fuera el temor»(1 Juan 4.18).

La soledad. ¿Podría ser la soledad uno de los mejores dones de Dios? Si una temporada de soledad es la manera de Dios de enseñarle a oír su canción, ¿no cree que vale la pena?

Así lo creo yo.

El Gallo Cantor y Yo

La carga de la vergüenza

Aderezas mesa delante de mí en presencia
de mis angustiadores

SALMO 23.5

¿Ve a ese individuo amparado en las sombras? Es Pedro. Pedro el apóstol. Pedro el impetuoso. Pedro el apasionado. Una vez caminó sobre las aguas. Salió del bote y pisó el agua del lago. Pronto le predicará a millares. Osado ante amigos y enemigos por igual. Pero el que caminó sobre las aguas esa noche se ha apresurado a esconderse. El que será un poderoso predicador llora de dolor.

No gimotea ni lloriquea, sino llora. Llora a gritos. Con el rostro barbado hundido entre las manos. El eco de su llanto traspasa la noche de Jerusalén. ¿Qué duele más? ¿Haberlo hecho o que hubiera jurado que jamás lo haría?

«Señor, dispuesto estoy a ir contigo no sólo a la cárcel, sino también a la muerte», había prometido apenas unas horas antes. Y Jesús le dijo: «Pedro, te digo que el gallo no cantará hoy antes que tú niegues tres veces que me conoces» (Lucas 22.33-34).

Negar a Cristo la noche que fue entregado era de por sí bastante malo, pero ¿tenía que jactarse que no lo negaría? Una negación era lamentable, pero ¿tres veces? Tres negaciones eran horribles, pero ¿tenía que maldecir? «Comenzó a maldecir, y a jurar: No conozco al hombre» (Mateo 26.74).

Y ahora, sumergido en un torbellino de pesar, Pedro se esconde. Pedro llora. Y pronto se irá a pescar.

Nos preguntamos por qué se fue a pescar. Sabemos la razón de su regreso a Galilea. Se le había dicho que el Cristo resucitado se reuniría allí con sus discípulos. El lugar señalado para el encuentro no era el mar, sino una montaña (Mateo 28.16). Si los seguidores iban a reunirse con Jesús en la montaña, ¿qué hacen en un bote? Nadie les dijo que pescaran, pero eso fue lo que hicieron. «Simón Pedro les dijo: Voy a pescar. Ellos le dijeron: Vamos nosotros también contigo» (Juan 21.3). Además, ¿no había dejado Pedro de pescar? Dos años antes, cuando Jesús lo llamó a pescar hombres, ¿no dejó su red y le siguió? Desde entonces no le hemos visto pescar. Nunca le hemos visto pescar de nuevo. ¿Por qué va a pescar ahora? ¡Especialmente ahora! Jesús ha resucitado de entre los muertos. Pedro ha visto la tumba vacía. ¿Quién puede pescar en una ocasión como esta?

¿Tenían hambre? Quizás eso era todo. Es posible que la expedición naciera por el impulso de estómagos vacíos.

O quizás haya nacido de corazones quebrantados.

Pedro no podía negar su negación. La tumba vacía no borró el canto del gallo. Cristo había regresado, pero Pedro se preguntaba, debe de haberse preguntado: «Después de lo que hice, ¿volvería Él por alguien como yo?»

Nosotros nos hemos preguntado lo mismo. ¿Es Pedro la única persona que ha hecho lo que prometió que no haría jamás?

«¡Basta de infidelidades!»

«De ahora en adelante voy a poner freno a mi lengua».

«No más tratos oscuros. He aprendido la lección».

¡Qué volumen el de nuestra jactancia! ¡Qué quebranto el de nuestra vergüenza!

En vez de resistir el coqueteo, lo correspondemos.

En vez de desoír el chisme, lo difundimos.

En vez de apegarnos a la verdad, la escondemos.

El gallo canta, y la convicción de pecado nos taladra, y Pedro halla un compañero en las sombras. Lloramos como Pedro lloró, y hacemos lo que Pedro hizo. Nos vamos a pescar. Volvemos a nuestra vida antigua. Volvemos a nuestras prácticas de antes que conociéramos a Jesús. Hacemos lo que viene en forma natural, en vez de hacer lo que viene en forma espiritual. Y dudamos que Jesús tenga un lugar para tipos como nosotros.

Jesús responde la pregunta. La responde por usted y por mí, y por todo el que tiende a salirse como Pedro. Su respuesta llegó junto al mar como un regalo para Pedro. ¿Sabe qué hizo Jesús? ¿Partió las aguas? ¿Convirtió los botes en oro y las redes en plata? No. Hizo algo mucho más significativo. Invitó a Pedro a tomar desayuno. Jesús lo preparó.

Por cierto, el desayuno fue un momento especial entre los varios de esa mañana. Estuvo la gran pesca y el reconocimiento de Jesús. La zambullida de Pedro y el chapoteo de los discípulos. Y en un momento llegaron a la playa y Jesús estaba junto al fuego. Los pescados chirriaban en la sartén y el pan esperaba; aquel que derrotó al infierno y es el rey de los cielos invitó a sus amigos a sentarse a comer.

Nadie podía haber estado más agradecido que Pedro. El que había sido zarandeado como trigo por Satanás comía pan de la mano de Dios. Pedro fue invitado a la comida de Cristo. Allí mismo, para que el diablo y sus tentadores lo vieran, Jesús «aderezó mesa en presencia de sus angustiadores».

Quizás Pedro no lo dijo con estas palabras, pero David sí. «Aderezas mesa delante de mí en presencia de mis angustiadores» (Salmo 23.5). Lo que el pastor hizo por las ovejas se parece mucho a lo que Jesús hizo por Pedro.

En este punto del salmo, la mente de David parece estar en las tierras altas con sus ovejas. Después de haber guiado al rebaño a través del valle hacia las empinadas tierras en busca de un pasto más verde, recuerda la responsabilidad adicional del pastor. Debe preparar el pasto.

Esta es tierra nueva, de modo que el pastor debe ser cuidadoso. Idealmente la pradera para pastar debe ser llana, una meseta o altiplanicie. El pastor ubica las plantas ponzoñosas y busca abundante agua. Se fija si hay señales de lobos, coyotes y osos.

El pastor se preocupa especialmente de la víbora, una pequeña culebra marrón que vive bajo tierra. Se sabe que esa víbora salta repentinamente de su agujero y muerde a la oveja en la nariz. La mordida suele infectarse y puede matar. Como defensa contra ella, el pastor derrama aceite formando un círculo alrededor de la cueva de la víbora. También aplica el aceite en las narices de los animales. El aceite en la cueva de la víbora lubrica la salida y evita que la víbora salga. El olor del aceite en la nariz de las ovejas repele a la víbora. El pastor, en un sentido muy real, ha preparado la mesa.[1]

¿Y si su Pastor hizo por usted lo que el pastor hace por su rebaño? Supongamos que Él ya enfrentó a su enemigo, el diablo, y ha preparado para usted un lugar seguro para comer. ¿Y si Jesús hizo por usted lo que hizo por Pedro? ¿Suponía Pedro que, en la hora de su fracaso, le iba a invitar a cenar?

¿Qué diría usted si le dijera que es exactamente eso lo que Cristo hizo? La noche antes de su muerte, preparó una mesa para sus seguidores.

El primer día de los panes sin levadura, el día que sacrificaban los corderos para la cena pascual, los discípulos de Jesús le preguntaron «¿Dónde quieres que vayamos a preparar para que comas la pascua?»

Entonces Jesús envió a dos de ellos con estas instrucciones: «Id a la ciudad, y os saldrá al encuentro un hombre que lleva un cántaro de agua; seguidle, y donde entrare, decid al señor de la casa: El Maestro dice: ¿Dónde está el aposento dónde he de comer la pascua con mis discípulos? Y él os mostrará un gran aposento alto ya dispuesto; preparad para nosotros allí» (Marcos 14.12-15).

Fíjese quién hizo los «preparativos». Jesús reservó el gran aposento e hizo los arreglos para que el guía condujese a los discípulos. Jesús se aseguró que la habitación estuviese preparada y pronta la comida. ¿Qué hicieron los discípulos? Cumplieron fielmente y comieron.

El Pastor preparó la mesa.

No sólo eso: enfrentó las víboras. Usted recordará que uno solo de los discípulos no completó la cena esa noche. «El diablo ya había puesto en el corazón de Judas Iscariote, hijo de Simón, que le entregase» (Juan 13.2). Judas comenzó a comer, pero Jesús no lo dejó terminar. Por orden de Jesús, Judas salió de la habitación. «Lo que vas a hacer, hazlo más pronto... cuando él, pues, hubo tomado el bocado, luego salió; y ya era de noche» (Juan 13.27,30).

Hay algo dinámico en esta salida. Jesús preparó mesa en la presencia del enemigo. Permitió que Judas viera la cena, pero no le permitió quedarse.

No eres bien recibido. Esta mesa es para mis hijos. Puedes tentarlos. Puedes ponerles tropiezos. Pero nunca te sentarás con ellos. Mucho nos ama.

Si quedase alguna duda, en el caso de que hubiera algunos «Pedros» que se preguntan si habrá lugar en la mesa para ellos, Jesús les da un tierno recordatorio cuando pasa la copa: «Bebed de ella todos; porque esto es mi sangre del nuevo pacto, que por muchos es derramada para remisión de los pecados» (Mateo 26.27-28).

«Bebed de ella *todos*». Los que se sienten indignos, beban. Los que se sienten avergonzados, beban. Los que se sienten confundidos, beban.

Voy a contarles de una ocasión en que sentí las tres cosas.

Cuando tenía dieciocho años iba bien encaminado a tener problemas con la bebida. Mi sistema se había hecho tan resistente al alcohol que media docena de cervezas tenían poco o ningún impacto sobre mí. A los veinte años Dios no sólo me salvó del infierno después de esta vida, sino también del infierno en esta vida. Sólo Él sabe hacia dónde me dirigía, pero me imagino lo que sería.

Por esa razón una parte de mi decisión de seguir a Cristo incluyó no beber más cerveza. Así que la dejé. Pero, curiosamente, nunca se me acabó el apetito por la cerveza. No me ha obsesionado ni consumido, pero un par de veces en la semana me seduce el pensamiento de una buena cerveza. Prueba de que tengo que ser cuidadoso es esta: las cervezas no alcohólicas no me atraen. No es el sabor de la bebida; es el aquello de tomarla. Pero por más de veinte años, la bebida nunca ha sido un problema de importancia para mí.

Sin embargo, hace un par de años casi llega a ser un problema. Bajé un poco la guardia. *Una cerveza con el asado no me va a dañar.* Después ocurrió con comida mexicana. Y luego una o dos veces sin ninguna comida. Por un período de unos dos meses estuve fluctuando entre nada de cerveza y no sería malo una o dos por semana. Para la mayoría de las personas eso no es un problema, pero para mí podía serlo.

¿Saben cuándo comencé a oler el peligro? Una cálida tarde de un día viernes iba de viaje para hablar en un retiro anual de varones. ¿Dije que el día estaba cálido? ¡Brutalmente cálido! Tenía sed. La soda fue como no haber tomado nada. Entonces comencé a conspirar. ¿Dónde podría comprar una cerveza sin que me viera un conocido?

Al pensar así, crucé la línea. Lo que se hace en secreto es mejor no hacerlo. Pero de todos modos lo hice. Busqué una tienda fuera del camino, estacioné y esperé hasta que salieron todos los clientes. Entré, compré la cerveza, la puse apegada a mi costado, y me apresure a subirme al auto.

Entonces fue cuando cantó el gallo. Cantó porque yo estaba haciendo algo en forma furtiva. Cantó porque yo sabía lo bueno. Cantó porque, y esto realmente duele, la noche anterior había reprendido duramente a una de mis hijas por tener secretos para mí. Y ahora, ¿qué estaba haciendo yo?

Arrojé la cerveza al basurero y le pedí a Dios que me perdonara. Pocos días después confesé mi lucha a los ancianos y a algunos miembros de la congregación y me sentí feliz de anotar una experiencia y seguir adelante.

Pero no pude. La vergüenza me atormentaba. ¡Mire que hacer yo tal cosa! A tantos pude herir por mi estupidez. Y ¡qué momento para hacerlo! Mientras viajaba a ministrar la palabra en un retiro. ¡Qué hipocresía!

Sentía que era un pobre diablo. El perdón había entrado en mi cabeza, pero el elevador destinado a bajarlo hasta el corazón tenía un desperfecto.

Para empeorar las cosas, llegó el domingo. Me encontré en la primera fila de la iglesia en espera de mi turno para hablar. Había sido sincero con Dios, sincero con los ancianos y sincero conmigo mismo. Pero todavía luchaba. ¿Querría Dios que un tipo como yo predicara su Palabra?

La respuesta llegó en la Cena del Señor. El mismo Jesús que había preparado una cena para Pedro había preparado una para mí. El mismo Pastor que había triunfado sobre el diablo, triunfó nuevamente. El mismo Salvador que había encendido una fogata en la playa avivó unas pocas ascuas en mi corazón.

«Bebed de ella *todos*». Y lo hice. Se siente bien al estar otra vez en la mesa.

Oveja Resbalosa y Heridas Sanadas

La carga de la desilusión

Unges mi cabeza con aceite

SALMO 23.5

E l *Des* lo cambia todo. Con *des*, «obedecer» se convierte en «*deso*-bedecer». «Consideración» cambia a «*des*consideración». Enganchar sería «*des*enganchar» y «gracia» se transformaría en «*des*gracia». Todo debido a «des».

Sería muy difícil hallar un trío de letras más potente. Y nos veríamos en aprietos para hallar un mejor ejemplo de su poder que la palabra *ilusión*.

A la mayoría nos gustan las ilusiones. El calendario de actividades en muchos sentidos es una ilusión. Nos gusta porque nos da un sentido de lo previsible en un mundo impredecible. En lo profundo sabemos que controlamos el futuro tanto como el furgón del equipaje controla el tren; sin embargo, el calendario nos da la ilusión de que lo controlamos.

La ilusión muchas veces se vuelve desilusión. Una desilusión es una ilusión frustrada. Lo que esperábamos que ocurriera, no ocurrió. Queríamos salud; obtuvimos enfermedad. Queríamos el retiro del empleo; conseguimos un traslado. El divorcio, en vez de familia. Despido, en vez de ascenso. ¿Y qué ahora? ¿Qué hacemos con nuestras desilusiones?

Podríamos hacer lo que hizo la señorita Haversham. ¿La recuerdan en *Grandes expectativas* de Charles Dickens? Su novio la dejó plantada exactamente antes de la boda. Su ilusión se convirtió en una ilusión perdida o desilusión. ¿Cómo reaccionó? No muy bien. Cerró todas las persianas de la casa, detuvo todos los relojes, dejó la torta de bodas sobre la mesa para que juntara telarañas, y siguió usando su vestido de bodas hasta que colgó raído y amarillento en torno a su encogido cuerpo. Su corazón herido le consumió la vida.

Nosotros podemos seguir el mismo rumbo.

O podemos seguir el ejemplo del apóstol Pablo. Su meta era ser misionero en España. Sin embargo, en vez de enviar a Pablo a España, Dios lo puso en prisión. Sentado en una cárcel romana, Pablo podría haber tomado la misma decisión que la señorita Haversham, pero no lo hizo. En cambio, dijo: «Mientras esté aquí voy a aprovechar y escribir algunas cartas». Por eso nuestra Biblia tiene las Epístolas a Filemón, a los Filipenses, a los Colosenses y a los Efesios.[1] Nos hay dudas de que Pablo habría hecho una gran obra en España. Pero, ¿sería comparable con la obra de esas cuatro cartas?

Usted se ha sentado donde Pablo se sentó. Sé que sí. Usted estaba bien entusiasmado en su camino a España o a la universidad o al matrimonio o a su independencia... pero se presentó el despido o el embarazo o la enfermedad de sus padres. Y terminó encarcelado. Chao, España. Hola, Roma. Adiós ilusiones. Hola desilusión. Hola, tristeza.

¿Cómo se las arregló? Mejor, ¿cómo se las está arreglando? ¿Necesita alguna ayuda? Tengo exactamente lo que necesita. Cinco palabras en el versículo cinco del Salmo 23: «Unges mi cabeza con aceite».

¿No ve la conexión? ¿Qué tiene que ver un versículo sobre el aceite con las heridas que producen las desilusiones de la vida?

Una breve lección sobre ganadería puede ayudar. En el antiguo

Israel los pastores usaban el aceite con tres propósitos: repeler los insectos, prevenir los conflictos y curar las heridas.

Los insectos fastidian a las personas, pero pueden matar a una oveja. Las moscas, mosquitos y otros insectos pueden convertir el verano en una tortura para el ganado. Por ejemplo, considérese las moscas de la nariz. Si logran depositar sus huevos en la membrana blanda de la nariz de la oveja, los huevos se convierten en larvas con forma de gusano que vuelven locas a las ovejas. Un pastor explica: «Para aliviar esta torturante molestia, la oveja deliberadamente golpea su cabeza contra los árboles, rocas, postes o arbusto... En casos extremos de intensas plagas, la oveja puede matarse en un esfuerzo frenético por hallar alivio».[2]

Cuando aparece un enjambre de moscas de la nariz, las ovejas entran en pánico. Corren. Se esconden. Agitan la cabeza de arriba abajo durante horas. Se olvidan de comer. No pueden dormir. Los corderitos dejan de mamar y dejan de crecer. Todo el rebaño puede dispersarse y perecer por la presencia de unas pocas moscas.

Por esta razón el pastor unge a la oveja. Les cubre la cabeza con un repelente hecho de aceite. El olor del aceite impide que los insectos se acerquen y los animales permanecen en paz.

En paz hasta la estación del celo. La mayor parte del año las ovejas son animales tranquilos y pacíficos. Pero durante el celo, todo cambia. Los carneros se pavonean por el prado y doblan el cogote tratando de captar la atención de la nueva chica de la cuadra. Cuando el carnero capta su mirada, levanta la cabeza y dice: «Te quiero, nena». En esos momentos aparece el novio y le dice que vaya a un lugar seguro. «Es mejor que te vayas, cariño. Esto podría ponerse muy feo». Los dos carneros bajan la cabeza y ¡paf! Comienza una riña a topetazos, a la antigua. Para evitar las heridas, el pastor unge los carneros. Les esparce una sustancia resbalosa, grasienta, por la nariz y la cabeza. Este lubricante hace que sus cabezas se deslicen y no se hagan daño al golpearse.

De todos modos, la tendencia es a hacerse daño. Y esas heridas son la tercera razón por la que el pastor unge las ovejas. La mayoría de las heridas que el pastor cura son consecuencias de la vida en la pradera. Espinas que se encarnan, o heridas de rocas, o el haberse rascado en forma muy ruda contra el tronco de un árbol. Las ovejas se hieren. Por eso, el pastor regularmente, a veces diariamente, inspecciona las ovejas, en busca de cortes y magulladuras. No quiere que los cortes se agraven. No quiere que las heridas de hoy se conviertan en una infección mañana.

Dios tampoco. Como las ovejas, tenemos heridas, pero las nuestras son las heridas del corazón que producen las desilusiones. Si no tenemos cuidado, las heridas llevan a la amargura. Y como las ovejas, necesitamos tratamiento. «Él nos hizo, y no nosotros a nosotros mismos; pueblo suyo somos, y ovejas de su prado» (Salmo 100.3).

Las ovejas no son las únicas que necesitan cuidado preventivo ni las únicas que necesitan un toque sanador. Nosotros también nos irritamos unos contra otros, nos damos de cabezazos y quedamos heridos. Muchas de las desilusiones de la vida comienzan como irritaciones. La mayor porción de nuestros problemas no son de proporciones similares al ataque de un león, sino más bien del enjambre de frustraciones y quebrantos del día a día. No nos invitan a la fiesta. No nos incluyen en el equipo. No obtuvimos la beca. El jefe no toma nota de nuestro arduo trabajo. El marido no se da cuenta del traje nuevo de la esposa. El vecino no nota el desorden que tiene en el patio. Uno se siente más irritable, más melancólico, más... bueno, más herido.

Como la oveja, no duerme bien, no come bien. Y algunas veces hasta se golpea la cabeza contra un árbol.

O quizás se golpea la cabeza contra una persona. Es asombroso lo duros que podemos ser unos con otros. Algunas de nuestras heridas más profundas vienen de darnos topetazos con las personas.

Como en las ovejas, el resto de nuestras heridas vienen de vivir en la pradera. Sin embargo, la pradera de las ovejas es mucho más atractiva. Las ovejas tienen que sufrir heridas de espinas y arbustos. Nosotros tenemos que enfrentar el envejecimiento, las pérdidas y la enfermedad. Algunos enfrentan la traición y la injusticia. Viva lo suficiente en este mundo, y verá que la mayoría sufre profundas heridas de uno u otro tipo.

Como las ovejas, quedamos heridos. Como las ovejas, tenemos un pastor. ¿Recuerdan las palabras que leímos? «Él nos hizo... pueblo suyo somos, y ovejas de su prado» (Salmo 100.3). Él hará por nosotros lo que el pastor hace por sus ovejas. Él nos cuidará.

Si algo enseñan los Evangelios es que Jesús es el Buen Pastor. Jesús anuncia: «Yo soy el buen Pastor; el buen pastor su vida da por las ovejas» (Juan 10.11).

¿No derramó Jesús el aceite de la prevención sobre sus discípulos? Oró por ellos. Los equipó antes de mandarlos al mundo. Les reveló los secretos de las parábolas. Interrumpió sus discusiones y calmó sus temores. Porque es el buen Pastor, los protegió de las desilusiones.

No sólo previno las heridas; las sanó. Tocó los ojos del ciego. Tocó la enfermedad del leproso. Tocó el cuerpo de la niña muerta. Jesús cuida sus ovejas. Tocó el corazón inquisitivo de Nicodemo. Tocó el corazón abierto de Zaqueo. Tocó el corazón quebrantado de María Magdalena. Tocó el corazón confundido de Cleofas. Y tocó el soberbio corazón de Pablo y el corazón arrepentido de Pedro. Jesús cuida sus ovejas. Y le cuidará a usted.

Si usted se lo permite. ¿Cómo? ¿Cómo se lo permite? Los pasos son muy sencillos.

Primero, acuda a Él. David no podía confiar sus heridas a nadie sino a Dios. Dice: «Unges mi cabeza con aceite». No dice «tus profetas», «tus maestros» ni «tus consejeros». Otros pueden guiarnos a Dios. Otros pueden ayudarnos a entender a Dios. Pero nadie hace la obra de Dios, porque solo Dios puede sanar.

«Él sana a los quebrantados de corazón» (Salmo 147.3).

¿Ha llevado usted sus desilusiones a Dios? Las ha dado a conocer a sus vecinos, a sus familiares, a sus amigos. Pero, ¿las ha llevado a Dios? Santiago dice: «¿Está alguno entre vosotros afligido? Haga oración» (Santiago 5.13).

Antes de irse a cualquiera otra parte con sus desilusiones, vaya a Dios.

Quizás no quiera molestar a Dios con sus heridas. *Después de todo Él ya tiene bastante con las hambrunas, las pestilencias y las guerras; no le interesan mis pequeñas luchas.* ¿Por qué no deja que Él lo decida? Le importó tanto una boda que proveyó el vino. Le importó tanto el pago del tributo de Pedro que le dio la moneda. Le importó tanto la mujer junto al pozo que le dio respuestas. «Él tiene cuidado de vosotros» (1 Pedro 5.7).

Su primer paso es ir a la persona que corresponde. Vaya a Dios. Nuestro segundo paso es adoptar la postura correcta. Inclinémonos delante de Dios.

Para ser ungida, la oveja debía permanecer quieta, agachar la cabeza y dejar que el pastor hiciera su trabajo. Pedro nos exhorta: «Humillaos, pues, bajo la poderosa mano de Dios, para que él os exalte cuando fuere tiempo» (1 Pedro 5.6).

Cuando vamos a Dios hacemos peticiones; no hacemos exigencias. Vamos con elevadas esperanzas y un corazón humilde. Declaramos lo que necesitamos, pero oramos por lo que es justo. Y si Dios nos da la prisión romana en lugar de la misión en España, lo aceptamos porque sabemos que «¿acaso Dios no hará justicia a sus escogidos, que claman a él día y noche? ¿Se tardará en responderles?» (Lucas 18.7).

Vamos a Él. Nos inclinamos delante de Él y *confiamos en Él*.

La oveja no entiende por qué el aceite repele las moscas. La oveja no entiende cómo el aceite cura las heridas. En realidad lo único que sabe la oveja es que algo ocurre en la presencia del pastor. Y eso también es todo lo que necesitamos saber. «A ti, oh Jehová, levantaré mi alma. Dios mío, en ti confío» (Salmo 25.2).

Ve.

Inclínate.

Confía.

Vale la pena intentarlo, ¿verdad?

16

Sesión de Mermelada

La carga de la envidia

Mi copa está rebosando

SALMO 23.5

Un miembro de nuestra iglesia me dio una jarra de conserva casera de durazno hace un par de semanas. Pocas cosas deliciosas en la vida se comparan con su conserva de durazno. Si yo tuviera que enfrentar un pelotón de fusilamiento, pasaría por alto los cigarrillos, pero sería el primero en levantarme si ofrecen las conservas de durazno de Sara. Cada cucharada es una experiencia celestial. El único problema con su regalo es que está por acabarse. Estoy triste al señalar que ya se ve el fondo de mi jarra. Pronto estaré sacudiendo la última gota como un vaquero sacude su cantimplora.

Para ser bien sincero, estoy temiendo el momento. Su proximidad ha afectado mi conducta. Alguien que solicite una probadita de mi conserva de durazno se encontrará con un Clint Eastwood que le dirá con un gruñido: «Ni lo pienses».

Si fuera el esposo de Sara, Keith, yo no tendría este problema. Él tiene toda la conserva de durazno que desee. ¿Le hará salir lágrimas el sonido de la cuchara en el fondo de la jarra? Difícil. Él tiene una ilimitada provisión. Alguien podría aun decir que tiene más de lo que merece. Y alguien podría desear saber por qué tiene tanto y yo tan poco. ¿Por qué él tiene una despensa llena y una jarra llena? ¿Quién le dio a él la llave del castillo de gelatina? ¿Quién le hace a él el jefe de las mermeladas?

¿Quién coronó a Keith el rey de las confituras? No es justo. No es correcto. En efecto, mientras más pienso sobre esto...

Y eso es exactamente lo que no debería hacer. No debería pensar en esto. Para abreviar, al final del rastro de estos pensamientos está el estuche mortal de la envidia. Si no ha visto uno en la vida real, habrá visto uno en las películas de espías. El asesino lo transporta al subir las escaleras de atrás hasta la pieza vacía en lo alto del edificio. Cuando está seguro que nadie puede verlo, abre el estuche. El rifle desarmado está entre cojines. La escopeta, la carga, la culata esperan la mano del buen tirador. El buen tirador espera la llegada de su víctima.

¿Quién es su víctima? Alguien que tiene más de lo que él tiene. Más quilates, más caballos de fuerza, más espacio en la oficina, más miembros en la iglesia. Celosamente fija la mira sobre quien tiene más. «Codiciáis, y no tenéis; matáis y ardéis de envidia, y no podéis alcanzar; combatís y lucháis, pero no tenéis lo que deseáis» (Santiago 4.2).

Sinceramente, Max, yo nunca haría eso. Yo nunca mataría.

Con un rifle, tal vez no. Pero ¿qué de con tu lengua? ¿Con tu mirada de odio? ¿Tu chismorreo? «Los celos», dice Proverbios 6.34, «son el furor del hombre». ¿Está su mirada puesta sobre alguien? Si es así, sea cuidadoso; «la envidia es carcoma de los huesos» (Proverbios 14.30).

¿Necesita un disuasivo para la envidia? ¿Un antídoto para los celos? El Salmo que estamos estudiando nos ofrece uno. Antes de lamentar las conservas de durazno que no tiene, alégrese en la copa abundante que tiene. «Mi copa está rebosando» (Salmo 23.5).

¿Está llena una copa rebosante? Claro que sí. El vino toca el borde y luego se derrama por la orilla. El cáliz no es lo suficientemente grande para contener esa cantidad. Según David, nuestros corazones no son lo suficientemente grandes para contener las bendiciones que Dios desea darnos. Él derrama y derrama hasta que literalmente fluyen por sobre el borde y caen a la mesa. A usted le gustará un párrafo de hace un siglo de F.B. Meyer:

Cualesquiera que sean las bendiciones que están en nuestra copa, seguro es que rebosarán. El ternero es siempre el ternero engordado; la túnica es siempre la mejor túnica; el gozo es inexplicable; la paz sobrepasa todo entendimiento. No hay límites en la benevolencia de Dios; Él no mide su bondad con cuentagotas, como el farmacéutico, ni mide sus copitas lenta y exactamente, gota por gota. La manera de Dios es siempre caracterizada por su numerosa y sobreabundante liberalidad.[1]

De lo menos que tenemos que preocuparnos es de no tener suficiente. Nuestra copa rebosa con bendiciones.

Permítame preguntarle. Es una pregunta bien importante. Si fijarnos en la disminución de nuestras cosas conduce a la envidia, ¿qué pasaría si nos concentrásemos en las cosas que no se acaban? Si la conciencia de lo que no tenemos lleva a los celos, ¿es posible que la conciencia de nuestra abundancia nos guíe al contentamiento? Pruebe y vea qué pasa. Dediquemos unos pocos párrafos a un par de bendiciones que, según la Biblia, están rebosando en nuestra vida.

Gracia abundante. «Cuando el pecado abundó, sobreabundó la gracia» (Romanos 5.20). Abundancia es tener más, en exceso, una porción extravagante. ¿Debe el pez en el Pacífico preocuparse de que podría salirse del océano? No. ¿Por qué? El océano abunda en agua. ¿Necesita la alondra preocuparse de encontrar espacio para volar en el cielo? No. El cielo abunda en espacio.

¿Debería el cristiano preocuparse de que la copa de la misericordia se vacíe? Podría. Podría no estar enterado de la abundante gracia de Dios. ¿Lo está usted? ¿Está usted consciente de que la copa que Dios nos da rebosa en misericordia? ¿O teme que su copa se seque? ¿Su garantía expirará? ¿Teme que sus errores sean demasiado grandes para la gracia de Dios?

No podemos menos que preguntarnos si el apóstol Pablo tenía el mismo temor. Antes que fuera Pablo el apóstol, era Saulo el homicida. Antes que animara a los cristianos, los mataba. ¿Cómo será vivir con tal pasado? ¿Se encontró alguna vez con los niños que dejó huérfanos? ¿Sus rostros le perturbaban el sueño? ¿Se preguntó alguna vez si Dios podría perdonar a un hombre como él?

La respuesta a sus preguntas y las nuestras se encuentran en una carta que escribió a Timoteo: «La gracia de nuestro Señor fue más abundante con la fe y el amor que es en Cristo Jesús» (1 Timoteo 1.14).

Dios no es avaro con su gracia. Su copa podría estar baja en dinero o ropa, pero rebosa en misericordia. Podría no tener un estacionamiento de lujo, pero tiene suficiente perdón. «Será amplio en perdonar» (Isaías 55.7). Su copa rebosa en gracia.

Esperanza. Su copa rebosa esperanza. «El Dios de esperanza os llene de todo gozo y paz en el creer, para que abundéis en esperanza por el poder del Espíritu Santo» (Romanos 15.13).

La esperanza del cielo hace para el mundo lo que la luz del sol hizo en el sótano de mi abuela. Debo a ella mi amor por las conservas de durazno. Ella las envasaba y las almacenaba en una bodega bajo tierra cerca de su casa en el oeste de Texas. Esta era un profundo hoyo con peldaños de madera, muros de madera, y un olor mustio. Como muchacho, yo acostumbraba a trepar, cerca de la puerta, y ver cuánto podía resistir la oscuridad. Ni aún un rayo de luz entraba en el hoyo bajo la tierra. Yo me sentaba silenciosamente, escuchando mi respiración y el ruido de mi corazón, hasta que no podía soportarlo y corría por la escalera y abría la puerta de un golpe. La luz entraba en la bodega. ¡Qué cambio! Momentos antes no podía ver nada, ahora podía ver todas las cosas.

Como cuando la luz entraba en la bodega, la esperanza de Dios entra en nuestro mundo. Sobre el enfermo, Él envía el rayo de curación. Para el afligido, da la promesa de reunión. Para el moribundo, prepara la llama de la resurrección. Al confundido, ofrece la luz de las Escrituras.

Dios da esperanza. Entonces ¿qué importa si alguien nació más delgado o más grueso, más claro o más oscuro que usted? ¿Por qué cuenta diplomas o compara currículos? ¿Qué problema hay si ellos tienen un lugar a la cabeza de la mesa? Usted tiene un lugar en la mesa de Dios. Y Él está llenando su copa para que rebose.

La copa rebosante era un símbolo bien descriptivo en los días de David. Los anfitriones en el antiguo oriente usaban esto para enviar un mensaje al huésped. Mientras que la copa se mantenía llena, el huésped sabía que era bienvenido. Pero cuando la copa estaba vacía, el anfitrión estaba insinuando que la hora no era conveniente. Sin embargo, en aquellas ocasiones en que el anfitrión gozaba realmente de la compañía de la persona, llenaba la copa hasta rebosar. No paraba cuando el vino llegaba al borde; se mantenía llenando la copa hasta que el líquido comenzaba a derramarse y caía en la mesa.[2]

¿Ha notado usted cuán húmeda está su mesa? Dios desea que usted se quede; su copa rebosa de gozo. Rebosa de gracia. ¿No debería su corazón rebosar de gratitud?

El corazón de un niño lo hizo. No al principio. Inicialmente estaba lleno de envidia. Pero, con el tiempo, se llenó de gratitud.

Según la historia, vivía con su padre en un valle en la base de un gran dique. Todos los días el padre iba a trabajar a la montaña detrás de su casa y retornaba a casa con una carretilla llena de tierra. «Pon la tierra en los sacos, hijo», decía el padre. «Y amontónalos frente a la casa».

Si bien el niño obedecía, también se quejaba. Estaba cansado de la tierra. Estaba cansado de las bolsas. ¿Por qué su padre no le daba lo que otros padres dan a sus hijos? Ellos tenían juguetes y juegos; él tenía tierra. Cuando veía lo que los otros tenían, enloquecía. «Esto no es justo», se decía.

Y cuando veía a su padre, le reclamaba: «Ellos tienen diversión. Yo tengo tierra».

El padre sonreía y con sus brazos sobre los hombros del niño le decía: «Confía en mí, hijo. Estoy haciendo lo que más conviene».

Pero para el niño era duro confiar. Cada día el padre traía la carga. Cada día el niño llenaba las bolsas. «Amontónalas lo más alto que puedas», le decía el padre mientras iba por más. Y luego el niño llenaba las bolsas y las apilaba. Tan alto que no ya no podía mirar por encima de ellas.

«Trabaja duro, hijo», le dijo el padre un día, «el tiempo se nos acaba». Mientras hablaba, el padre miró al cielo oscurecido. El niño comenzó a mirar fijamente las nubes y se volvió para preguntarle al padre lo que significaban, pero al hacerlo sonó un trueno y el cielo se abrió. La lluvia cayó tan fuerte que escasamente podía ver a su padre a través del agua. «¡Sigue amontonando, hijo!» Y mientras lo hacía, el niño escuchó un fuerte estruendo.

El agua del río irrumpió a través del dique hacia la pequeña villa. En un momento la corriente barrió con todo en su camino, pero el dique de tierra dio al niño y al padre el tiempo que necesitaban. «Apúrate, hijo. Sígueme».

Corrieron hacia la montaña detrás de su casa y entraron a un túnel. En cuestión de momentos salieron al otro lado, huyeron a lo alto de la colina y llegaron a una nueva casita.

«Aquí estaremos a salvo», dijo el padre al niño.

Sólo entonces el hijo comprendió lo que el padre había hecho. Había provisto una salida. Antes que darle lo que deseaba, le dio lo que necesitaba. Le dio un pasaje seguro y un lugar seguro.

¿No nos ha dado lo mismo Nuestro Padre? ¿Un muro fuerte de gracia para protegernos? ¿Una salida segura para liberarnos? ¿De quién podríamos tener envidia? ¿Quién tiene más que nosotros? Antes que desear lo que otros tienen, ¿no deberíamos preguntarnos si tienen lo que nosotros tenemos? En vez de estar celosos de ellos ¿no es mejor sentir lástima de ellos? Por amor del cielo, tire los rifles y levante la copa. Hay suficiente para compartir.

Una cosa es cierta. Cuando venga la tormenta final, usted estará seguro en la casa de su Padre, y no echará de menos lo que Él no le dio. Estará maravillado de lo que le dio.

17

Con Amor nos Busca Dios

La carga de la duda.

*Ciertamente el bien y la misericordia me seguirán
todos los días de mi vida.*

SALMO 23.6

E ric Hill tenía todas las cosas que se necesita para un futuro brillante. Tenía veintiocho años y un grado académico reciente, con una estructura atlética y una suave sonrisa. Su familia lo amaba, las chicas lo observaban y algunas empresas lo invitaban a trabajar. Aunque exteriormente parecía sereno, se sentía atormentado interiormente. Atormentado por voces que no podía acallar. Lo incomodaban imágenes que no podía evitar. Luego, esperanzado en escapar de todas ellas, huyó. En un día lluvioso y gris en febrero de 1982, Eric Hill salió por la puerta trasera de su casa en Florida y no regresó.

Su hermana Debbie recuerda haberlo visto partir, y con su elevado porte salir sin rumbo por la interestatal. Creyó que volvería. No lo hizo. Esperaba que llamara. No lo hizo. Pensó que podría encontrarlo. No pudo. Donde estaría Eric, sólo Dios y Eric lo sabían, y ninguno lo daba a conocer. Lo que sabemos es que Eric oía una voz. Y esa voz era una «tarea». La asignación era recoger basura a lo largo del camino en San Antonio, Texas.

Para los viajeros de la interestatal 10, su delgada forma y rostro barbudo llegó a ser familiar. Su casa era un hoyo en un lote vacante. Su guardarropa consistía en unos pantalones rajados y una camiseta rota.

Un viejo sombrero aminoraba el sol de verano. Una bolsa plástica sobre los hombros le suavizaba el frío invernal. Su piel curtida y hombros inclinados hacían que luciera el doble de los cuarenta y cuatro años que tenía. Pero, dieciséis años al costado del camino le harían eso también a usted.

Todo ese tiempo había transcurrido desde que Debbie había visto a su hermano. Nunca lo hubiera vuelto a ver a no ser por dos hechos. El primero fue la construcción de un negocio de compra y venta de autos en el lote vacante donde vivía Eric. El segundo fue un severo dolor en su abdomen. El negocio de compra y venta le quitó la casa. El dolor casi le quita la vida.

Lo encontraron hecho una bola a un costado del camino, agarrándose el estómago. En el hospital descubrieron que tenía cáncer. Cáncer terminal. Unos pocos meses y estaría muerto. Sin familia ni parientes conocidos, moriría solo.

El abogado que nombró la corte no podía dejar de pensar: «Seguramente alguien está buscando a Eric». Por eso peinó la Internet en busca de alguien que estuviera buscando a un varón adulto, de pelo castaño, de apellido Hill. Así fue como Debbie lo encontró.

Su descripción parecía coincidir con su memoria, pero ella tenía que estar segura.

Así que Debbie vino a Texas. Ella, su esposo y dos hijos alquilaron una pieza de hotel y se instalaron para ver a Eric. Por el momento, le habían dado de alta del hospital, pero el capellán sabía dónde estaba. Lo encontraron sentado al pie de un edificio, no lejos de la interestatal. Se aproximaron, él se paró. Le ofrecieron fruta; él la rehusó. Le ofrecieron jugo; declinó. Fue gentil pero indiferente ante aquella familia que decía ser la suya.

Su interés apareció, sin embargo, cuando Debbie le ofreció un broche para que se lo pusiera, un broche con un ángel. Él dijo que sí. La primera oportunidad que tuvo de tocar al hermano en dieciséis años fue cuando le puso el broche del ángel en la camisa.

Debbie tenía la intención de permanecer una semana. Pero pasó una semana y se quedó. Su esposo regresó a su casa, y ella se quedó. Pasó la primavera y llegó el verano, y Eric mejoraba. Debbie alquiló un apartamento, empezó a dar clases hogareñas a sus hijo y trató de ganarse a su hermano.

No fue fácil. Él no la reconocía. No sabía quién era. Un día la maldijo. No quería dormir en el apartamento de ella. No quería su comida. No quería hablar. Quería su lote vacío. Quería su «trabajo». Después de todo, ¿quién era aquella mujer?

Pero Debbie no se rindió ante Eric. Se dio cuenta que él no entendía. Por eso se quedó.

La conocí un domingo cuando visitaba nuestra congregación. Cuando relató su historia, le pregunté lo que usted desearía preguntar. «¿Cómo se las arregla para no darse por vencida?»

«No me es problema», dijo. «Es mi hermano».

Le dije que su búsqueda me recordaba otra búsqueda, que su corazón me recordaba otro corazón. Otro corazón bondadoso que deja la casa en busca del confundido. Otra alma compasiva que no puede soportar que un hermano o hermana esté en aflicción. Como Debbie, salió de su casa. Como Debbie, encontró a su hermano.

Y cuando Jesús nos encontró, nosotros actuamos como Eric. Nuestras limitaciones no nos permitieron reconocer a quien venía para salvarnos. Dudamos de su presencia y a veces, todavía lo hacemos.

¿Cómo trata Él nuestras dudas? Nos sigue. Como Debbie siguió a

Eric, Dios nos sigue. Se dedica a nosotros hasta que finalmente lo vemos como nuestro Padre, aun si esto toma *todos los días de nuestras vidas*.

«Ciertamente el bien y la misericordia me seguirán todos los días de mi vida, y en la casa de Jehová moraré por largos días» (Salmo 23.6).

Esta debe ser una de las frases más dulces jamás escrita. ¿Podemos leerla de otras traducciones?

«La bondad y el amor inagotable me seguirán todos los días de mi vida, y moraré en la casa del Señor por largos días».

«Yo sé que su bondad y amor estarán conmigo toda mi vida; y su casa será mi casa tanto como yo viva».

«Su bondad y amor me siguen cada día de mi vida. Estaré de regreso en la casa de Jehová por el resto de mi vida».

Leer el versículo es abrir una caja de diamantes. Cada palabra destella y pide ser examinada y confrontada con nuestras propias dudas: *bondad, misericordia, todos los días, morar en la casa del Señor, por siempre*. Son palabras que barren con las inseguridades como un escuadrón bien entrenado que cae sobre un terrorista.

Observe la primera palabra: *Ciertamente*. David no dijo, «Tal vez el bien y la misericordia me seguirán» o «Posiblemente el bien y la misericordia me seguirán» o «Yo tengo el presentimiento que el bien y la misericordia me seguirán». David podría haber usado una de estas frases. Pero no lo hizo. Él creía en un Dios seguro, quien hace promesas seguras y provee un fundamento seguro. David habría amado las palabras de uno de sus descendientes, el apóstol Santiago. Él dice que en Dios «no hay mudanza ni sombra de variación» (Santiago 1.17).

Nuestro estado de ánimo puede cambiar, pero Dios no. Nuestra mente puede cambiar, pero Dios no. Nuestra devoción puede faltar, pero Dios nunca. Aun si nosotros somos infieles, Él permanece fiel, no puede negarse a sí mismo (2 Timoteo 2.13). Él es un Dios seguro. Y debido a que Dios es seguro, podemos estar confiados. «Ciertamente el bien y la misericordia me seguirán todos los días de mi vida».

¿Y que sigue después de ciertamente? «El bien y la misericordia». Si el Señor es el pastor que guía el rebaño, el bien y la misericordia son los dos perros pastores que guardan la parte trasera del rebaño. El bien y la misericordia. No el bien solo, porque somos pecadores en necesidad de misericordia. No la misericordia sola, porque somos frágiles, necesitados de bondad. Necesitamos de ambas cosas. Como alguien escribió: «Bondad para suplir todas las necesidades. Misericordia para perdonar todos los pecados. La bondad provee. La misericordia perdona».[1]

El bien y la misericordia, la escolta celestial del rebaño de Dios. Si ese dúo no refuerza su fe, pruebe con esta frase: «todos los días de mi vida».

Esta es una declaración inmensa. ¡Observe su tamaño! ¡El bien y la misericordia siguen a los hijos de Dios cada día! Piense en los días que hay por delante, ¿qué ve? ¿Días en casa con los pequeñitos? Dios estará de su lado. ¿Días en un trabajo monótono? Él caminará con usted. ¿Días de nostalgia? Él tomará su mano. Ciertamente el bien y la misericordia me seguirán no algunos, no la mayoría, no casi todos, sino todos los días de mi vida. Y ¿qué hará Él durante esos días? (Aquí está mi palabra favorita). Nos «seguirá».

¡Qué manera sorprendente de describir a Dios! Estamos acostumbrados a un Dios que se queda en un lugar. Un Dios que se sienta en el trono en el cielo y gobierna y ordena. David, sin embargo, veía un Dios móvil y activo. ¿Nos atreveremos a hacer lo mismo? ¿Veremos a Dios como alguien que nos sigue? ¿Que nos persigue? ¿Que nos sigue el rastro y nos alcanza? ¿Que nos sigue con su bien y misericordia todos los días de nuestra vida?

¿No es el tipo de Dios descrito en la Biblia? ¿Un Dios que nos sigue? Hay muchos en las Escrituras que pueden decirlo. No tiene que ir más allá del tercer capítulo del primer libro para encontrar a Dios en el rol de uno que busca. Adán y Eva están escondido entre los arbustos, en parte para cubrir sus cuerpos, en parte para cubrir su pecado. Pero, ¿espera Dios que ellos vayan a Él? No, las palabras resuenan en el jardín: «¿Dónde estás tú?» (Génesis 3.9). Con estas palabras Dios comienza una búsqueda del corazón de la humanidad que continúa hasta el momento en que usted lee estas palabras.

Moisés puede contarle sobre esto. Había estado cuarenta años en el desierto cuando miró atrás y vio una zarza ardiendo. Dios lo había seguido hasta el desierto.

Jonás puede contarle sobre esto. Era fugitivo en un barco, cuando vio sobre sus hombros nubes amenazantes. Dios lo había seguido hasta el océano.

Los discípulos de Jesús conocían lo que se siente cuando Dios nos sigue. Estaban mojados por la lluvia y temblando cuando miraron sobre sus hombros y vieron a Jesús que caminaba hacia ellos. Dios los había seguido en la tormenta.

Una mujer samaritana conoció lo mismo. Estaba sola en la vida y sola en el pozo, cuando ella miró sobre sus hombros y escuchó hablar al Mesías. Dios la había seguido a través de su dolor.

Juan el apóstol estaba desterrado en Patmos cuando al mirar sobre sus hombros vio que el cielo comenzó a abrirse. Dios lo había seguido en su destierro.

Lázaro llevaba tres días muerto y sepultado cuando escuchó una voz, alzó la cabeza, miró sobre sus hombros y vio a Jesús parado. Dios lo había seguido en la muerte.

Pedro había negado a su Señor y volvió a pescar cuando escuchó su nombre y miró sobre sus hombros y vio a Jesús preparando el desayuno. Dios lo había seguido a pesar de su fracaso.

Dios es el Dios que sigue. Me pregunto... ¿ha sentido usted que Él lo sigue? Solemos fallarle. Como Eric, no reconocemos a nuestro Ayudador cuando está cerca. Pero Él llega.

A través de la bondad de un forastero. La majestad de una puesta de sol. El misterio del romance. A través de las preguntas de un niño o la fidelidad de una esposa. A través de una palabra bien dicha o enseñada, ¿ha sentido usted su presencia? Si es así, despeje sus dudas. Manténgalas lejos. No deje que las dudas lo sigan estorbando. Usted no es candidato a la inseguridad. Usted no es un cliente a la timidez. Usted puede confiar en Dios. Él le ha dado su amor; ¿por qué no le da a Él sus dudas?

¿Dice que no es fácil confiar? Tal vez no, pero tampoco es tan difícil como piensa. Pruebe las siguientes ideas:

Confíe en su fe y no en sus sentimientos. ¿No se siente espiritual todos los día? Por supuesto que no. Pero sus sentimientos no tienen impacto sobre la presencia de Dios. En los días que no se sienta cerca de Dios, confíe en su fe y no en sus sentimientos. El bien y la misericordia lo seguirán todos los días de su vida.

Mida su valor por los ojos de Dios, no a través de los suyos. Para todo el mundo, Eric Hill era un vagabundo del montón. Pero para Debbie, era su hermano. Hay tiempos en la vida cuando andamos como vagabundos, desorientados, sin misericordia y sin amor. En aquellas situaciones recuerde este simple hecho: Dios lo ama. Lo sigue. ¿Por qué? Porque usted es su familia, y Él lo seguirá todos los días de su vida.

Vea el cuadro completo, no una parte. A Eric le quitaron la casa. Le quitaron la salud. Pero por medio de la tragedia le devolvieron su familia. Tal vez su casa y salud se han visto amenazadas también. El resultado inmediato podría ser el dolor. Pero el resultado a largo plazo podría ser encontrar un Padre que usted nunca conoció. Un Padre que lo seguirá todos los días de su vida.

A propósito, el último capítulo en la vida de Eric Hill es el mejor. Días antes de que muriera, reconoció a Debbie como su hermana. Y reconoció su casa.[2]

Como Eric, hemos dudado de nuestro Ayudador. Pero como Debbie, Dios nos ha seguido. Como Eric, abandonamos rápidamente. Pero como Debbie, Dios es lento para airarse y determina quedarse. Como Eric, no aceptamos los dones de Dios. Pero como Debbie, Dios nos los da de todos modos. Nos da sus ángeles, no prendidos en nuestra solapa, sino en nuestro camino.

Y lo mejor de todo, Dios se da a sí mismo. Aun cuando preferimos nuestra casita antes que su casa y nuestra basura antes que su gracia, Él nos sigue. Nunca nos fuerza. Nunca nos deja. Persiste pacientemente. Está presente fielmente. Usando todo su poder nos convence que Él es el que es, y que podemos confiar en que nos llevará a la casa.

El bien y la misericordia nos seguirán todos los días de nuestras vidas.

18

Casi el Cielo

La carga de la nostalgia por el hogar

En la casa de Jehová moraré por largos días

SALMO 23.6

E En los últimos veinte años, he deseado tener un perro. Un perro grande. Pero siempre ha habido problemas. El apartamento era demasiado chico. El presupuesto era demasiado apretado. Las niñas eran demasiado pequeñas. Pero por sobre todo, a Denalyn no le gustaba la idea. ¿Su lógica? Ella se había casado con una bestia babosa que pelecha, ¿por qué cargar con otra? Pero llegamos a un acuerdo y nos conseguimos un perro pequeño.

Me gusta Salty, pero un perro pequeño no es realmente un perro. No ladran; chillan. No comen; roen. No te lamen; olfatean. Pero yo quería un perro de verdad. Un tipo de perro como el mejor amigo del hombre. Una pata ancha, comilón, un tipo de perro al que usted podría ensillar, luchar con él o ambas cosas.

Yo estuve solo en mi pasión hasta que Sara nació. A ella le encantan los perros. Y los dos pudimos cambiar el voto de la casa. Denalyn cedió, y Sara y yo comenzamos la búsqueda. Descubrimos una mujer en Carolina del Sur que criaba perdigueros en un ambiente cristiano. Desde su nacimiento los perros se ven rodeados de música inspirada y oraciones. (No, no sé si dan el diezmo de las galletas para perros.) Cuando la adiestradora me dijo que había leído mis libros, me embarqué. Una mujer con tan buen gusto es casi siempre una buena instructora, ¿verdad?

Así que pedimos un cachorro. Enviamos el cheque por correo, elegimos el nombre Molly, y preparamos un rincón para su cojín de perro. La perra aún no había nacido, y ya tenía nombre, y un lugar en la casa.

¿No se podría decir lo mismo de usted? Mucho antes de su primer sollozo, su Señor lo pidió, lo llamó y colgó una señal de reservado en su pieza. Usted y Molly tienen más en común que el olor y los hábitos alimentarios. (Perdone la broma.)

A ambos los han preparado para un viaje. Preferimos los términos *maduración* y *santificación* a *destete* y *adiestramiento*, pero es lo mismo. A usted lo preparan para la casa de su Señor. No sabe la fecha de partida ni el número de vuelo, pero puede apostar su comida de perro a que usted verá a su dueño algún día. ¿No es esta la promesa final de David?

«En la casa de Jehová moraré por largos días» (Salmo 23.6).

¿Dónde vivirá usted por siempre? En la casa del Señor. Si esa casa es su «casa por siempre», ¿qué es esta casa terrenal? ¡Eso exactamente! Es una casa temporal. No es nuestra casa. «Nuestra ciudadanía está en los cielos» (Filipenses 3.20).

Esto explica la nostalgia que sentimos.

¿Alguna vez ha anhelado estar en casa? Cuando tenía diecinueve años pasé el verano trabajando en el norte de Georgia. La gente en esa región es muy simpática, pero nadie es simpático con un vendedor puerta a puerta. Hubo momentos en ese verano en que echaba tanto menos a mi casa que sentía que mis huesos se fundían.

En una de esas ocasiones me hallaba al costado de un camino rural. Era tarde, y yo estaba perdido. Me detuve y saqué una linterna y un mapa. A mi derecha había una granja. En la granja, una familia. Yo sabía que había una familia porque a través de la gran ventana de vidrio podía ver a la madre, al padre, al niño y a la niña. Norman Rockwell los habría puesto en un lienzo. La mamá estaba sirviendo la comida, el padre estaba contando una historia y los niños reían; tuve que hacer un esfuerzo para no tocar el timbre y pedir un lugar en la mesa. Me sentía tan lejos de casa.

Lo que sentí esa noche algunos de ustedes lo han sentido desde que...

su esposo murió.

su hijo fue sepultado.

supo que tenía un tumor en un seno o una mancha en un pulmón.

Algunos se han sentido lejos de su casa desde que su hogar se dividió.

Los imprevistos y las vueltas de la vida tienen una manera de recordarnos que aquí no estamos en casa. Esta no es nuestra tierra. No estamos familiarizados con el lenguaje de la enfermedad y la muerte. La cultura confunde el corazón, el ruido interrumpe nuestro sueño y nos sentimos lejos de casa.

Y, ¿sabe qué? Eso está bien.

La nostalgia es una de las cargas que a Dios no le importa si la llevamos. Nosotros, como Molly, estamos en preparación para otra casa. Y nosotros, como el perico de Green Bay, sabemos que no estamos allá aún.

Pootsie era su nombre. Escapó de su amo y quedó bajo el cuidado de una sociedad humanitaria. Cuando nadie la reclamó, Sue Gleason lo hizo. Se hicieron buenas amigas: hablaban y se bañaban juntas; llegaron a ser amigas inseparables. Pero un día el pequeño pájaro hizo algo increíble. Voló sobre la señora Gleason, puso el pico en la oreja de ella, y susurró: «Ciento cincuenta de la calle Oneida Sur, Green Bay».

Gleason estaba pasmada. Buscó y comprobó que la dirección existía. Fue a la casa y encontró a un hombre de setenta y nueve años llamado John Stroobants.

—¿Tiene usted un perico? —preguntó.

—Lo tenía; lo extraño terriblemente.

Cuando vio a su Pootsie, se emocionó.

—¿Sabe? Él conoce aún su número de teléfono.[1]

La historia no es tan loca como parece. Usted también tiene una dirección eterna fija en su mente. Dios «ha puesto eternidad en el corazón» de los hombres (Eclesiastés 3.11). En lo profundo de su corazón usted sabe que aún no está en su casa.

Entonces sea cuidadoso y no actúe como lo hace. ¿Colgaría usted cuadros en un ómnibus Greyhound? ¿Pondría su dormitorio en la parada de descanso en el camino? ¿Armaría su cama de dos plazas en un vuelo comercial?

¿Consideraría usted este mundo como su hogar? No lo es. La más grande calamidad no es sentirse lejos de su casa cuando lo está, sino sentirse como en su casa cuando no lo está. No apague, sino estimule, su anhelo del cielo.

La casa de Dios es hogar *para siempre*. «En la casa de Jehová moraré por largos días» (Salmo 23.6).

Mis amigos Jeff y Carol adoptaron dos niños pequeños. Christopher, el mayor, tiene tres años, pero sabe la diferencia entre la casa de Jeff y la casa de adopción de donde viene. A todas la visitas les dice: «Esta es mi casa para siempre».

¿No será grandioso cuando digamos lo mismo? ¿No podríamos usar una casa para siempre? Esta casa en la que estamos no es la última.

Los cumpleaños nos recuerdan eso.

Mientras escribía este libro cumplí los cuarenta y seis. Ahora estoy más cerca de los noventa que de la infancia. Todas aquellas cosas que se dicen sobre envejecer se van cumpliendo. Me acaricio menos la espalda y más la barbilla. Tengo todo lo que tenía hace veinte años, solo que ahora todo me cuelga. El otro día traté de enderezar las arrugas en mis medias y encontré que no las tenía puestas. Esta es la descripción de Dave Barry sobre el envejecimiento:

...problemas dentales, malfuncionamiento intestinal, deterioro muscular, inestabilidad emocional, lapsos de la memoria, pérdida de audición y visión, impotencia, ataques, tumores, problemas en la próstata, reducción de la función de las extremidades, falla coronaria, muerte y, por supuesto, dolorosos tumores hemorroidales.[2]

Con la excepción de estas cosas, estoy bien.

Envejecer. No es divertido. Y por la manera en que tratamos de evitar envejecer, uno podría pensar que podemos lograrlo. Pintamos el cuerpo, preservamos el cuerpo, protegemos el cuerpo. Y hacemos bien. Los cuerpos son un regalo de Dios. Debemos ser responsables. Pero también debemos ser realistas. Este cuerpo debe morir para que pueda vivir el nuevo cuerpo. «La carne y la sangre no pueden heredar el reino de Dios, ni la corrupción hereda la incorrupción» (1 Corintios 15.50).

El envejecimiento es idea de Dios. Es una de las maneras en que nos mantiene pensando en el hogar. No podemos cambiar el proceso, pero podemos cambiar de actitud. Aquí tiene una idea. ¿Y si consideráramos el envejecimiento del cuerpo como consideramos el crecimiento de un tulipán?

¿Ha visto alguna vez a alguien llorar el fallecimiento de un tulipán? ¿Lloran los jardineros cuando los bulbos comienzan a debilitarse? Por supuesto que no. No compramos fajas para tulipanes, ni crema para arrugas de pétalos, ni consultamos cirujanos plásticos para hojas. No lloramos el fallecimiento de un bulbo; lo celebramos. Los amantes de los tulipanes se regocijan en el minuto que el bulbo se debilita. «Observe esto», dicen. «Va a florecer».

¿Podría ser que en el cielo ocurra lo mismo? Los ángeles señalan nuestros cuerpos. Mientras más frágiles, más se emocionan: «Observe esa señora en el hospital», dicen. «Va a florecer». «Mira esa persona enferma del corazón. Vendrá a casa pronto».

«Nosotros también gemimos dentro de nosotros mismos, esperando la adopción, la redención de nuestro cuerpo» (Romanos 8.23).

¿Son libres nuestros cuerpos? No. Pablo lo describe como «el cuerpo de la humillación nuestra» (Filipenses 3.21). O como otras versiones dicen:

«Nuestro humilde cuerpo»

«El cuerpo de nuestro humilde estado»

«Estos cuerpos mortales»

«Nuestros cuerpos viles»

«Nuestros cuerpos simples»

Usted podría añadir su propio adjetivo, ¿verdad? ¿Qué palabra describe su cuerpo? ¿Mi cuerpo *canceroso*? ¿Mi cuerpo *artrítico*? ¿Mi cuerpo *deformado*? ¿Mi cuerpo *limitado*? ¿Mi cuerpo *adicto*? ¿Mi cuerpo *que engor-*

da permanentemente? Las palabras pueden ser diferentes, pero el mensaje es el mismo: los cuerpos son débiles. Comenzaron a decaer en el minuto en que comenzamos a respirar.

Y, según Dios, es una parte del plan. Cada arruga y cada fastidio es un paso más cerca del último paso, cuando Jesús cambie nuestros cuerpos comunes en cuerpos eternos. No más dolor. No más depresión. No más enfermedad. No más fin.

Esta no es nuestra casa permanente. Puede servir por ahora. Pero no hay nada como el momento en que entremos por la puerta de nuestra casa para siempre.

Molly puede decirle a usted. Después de un mes en nuestra casa se escapó. Llegué a casa una noche para encontrar el lugar inusitadamente quieto. Molly se había ido sin que nadie se diera cuenta.

La búsqueda comenzó inmediatamente. En el transcurso de una hora sabíamos que estaba lejos, lejos de casa. Ahora, si no le gustan los animales domésticos, lo que le cuento le sonará extraño. Pero si le gustan, usted entenderá.

Entenderá por qué recorrimos de arriba abajo las calles, llamándola por su nombre. Entenderá por qué recorrí en auto el vecindario hasta las 10:30 P.M. Entenderá por qué puse carteles en los almacenes y reuní a la familia para orar (de veras, lo hice). Entenderá por qué envié notas por correo electrónico al personal, pidiendo oraciones, y a la criadora, pidiéndole consejo. Y entenderá por qué estuvimos a punto de dar una fiesta cuando apareció.

Esto fue lo que pasó. La mañana siguiente Denalyn venía de regreso de dejar las niñas en el colegio cuando vio el camión de la basura. Pidió a los trabajadores que estuvieran pendientes de Molly y luego se fue a la casa a recibir a las madres para la reunión de oración. Poco después que las señoras llegaron, el camión de la basura paró frente a nuestra casa, un trabajador abrió la puerta y nuestra perra salió brincando.

Cuando Denalyn llamó para darme la noticia, yo apenas podía oírle. Hablaba desde la cocina. Las señoras celebraban el regreso de Molly.

Esta historia está llena de simbolismos. El amo deja su casa, para buscar lo perdido. Victorias en medio de la oración. Grandes cosas salen de la basura. Pero lo mejor de todo: la celebración por el regreso a su casa. Eso es algo más que usted tendrá en común con Molly: una fiesta en su honor por la llegada a su casa.

Por el momento sólo una bolsa permanecerá. No más culpa. Esta quedó en el Calvario. No más temor a la muerte. Quedó en el sepulcro. El único equipaje que quedará será el anhelo que Dios nos da por el hogar. Y cuando usted lo vea a Él, lo soltará. Como un soldado que vuelve y deja caer su morral cuando ve a su esposa, usted dejará caer su anhelo cuando vea a su Padre. Aquellos que usted ama gritarán. Aquellos que usted conoce aplaudirán. Pero todo el ruido cesará cuando Dios le tome el mentón y le diga: «Bienvenido a casa». Y con la mano cicatrizada secará toda lágrima de sus ojos. Y usted morará en la casa de su Señor por siempre.

Conclusión

D ormido en el Louvre.

    El museo más famoso del mundo. El edificio más conocido de París. Los turistas lanzan sus *ooohs* y sus *aaahs*. Y allí estaba yo, cabeceando y roncando. Sentado en un banco. La espalda contra la pared. La barbilla en el pecho. Rendido.

Las joyas de la corona están en el vestíbulo. Rembrandt está en la pared. Van Gogh está un piso más arriba. La Venus de Milo está un piso más abajo. Yo debería haber estado descubriendo estrellas y con los ojos bien abiertos.

Denalyn sí lo estaba. Usted pensaría que estaba en un día de ofertas de la Manzana Roja de Foley. Si había una excursión, ella la tomaba. Si había un botón para oprimir, lo oprimía. Si había un folleto para leer, lo leía. No quería detenerse ni para comer.

¿Pero yo? Contemplé la Mona Lisa cinco minutos.

Es una vergüenza, lo sé.

Yo debería haber estado como el señor que estaba a mi lado. Mientras yo cabeceaba, él estaba petrificado ante una versión de una flor de un artista holandés del siglo diecisiete. Cuando desperté, el tipo todavía la miraba fijamente. Cerré los ojos nuevamente. Cuando los abrí, ni se había movido.

Me incliné hacia él y traté de sonar reflexivo. «Asombroso ¿no?». Sin respuesta. «Los matices son magistrales». Aún sin respuesta. «¿No será uno de esos que se pintan por número?» Suspiró y no dijo nada, pero yo sabía lo que estaba pensando: *Qué tipo tan inculto.*

Él estaba en lo correcto. Lo era. Pero no era culpa mía. A mí me gusta el arte del siglo diecisiete tanto como a ese individuo... bueno, tal vez no tanto. Pero casi siempre puedo permanecer despierto.

Pero no ese día. ¿Por qué me quedé dormido en el Louvre?

Por culpa de las bolsas, nena; por culpa de las bolsas. Estaba cansado de arrastrar el equipaje de la familia. Nosotros cargamos más maletas que el espectáculo ambulante de *El Fantasma de la Ópera.*

No puedo culpar a mi esposa e hijas. Ellas lo aprendieron de mí. Recuerde, yo soy quien viaja preparado para un matrimonio submarino y un torneo de bolos. Ya es malo cuando es una persona la que viaja, ¿pero cinco? Eso agota.

¿Piensa que aprenderé a viajar ligero de equipaje?

Mire. Vamos a hacer un trato. Yo reduciré la carga del equipaje, y ambos reduciremos la carga emocional. Después de todo, una cosa es dormirse en el Louvre, pero otra completamente distinta es dormirse a lo largo de la vida.

Podemos hacerlo, usted lo sabe. ¿No moramos en las galerías de nuestro Dios? ¿No es el cielo su lienzo y la humanidad su obra maestra? ¿No estamos rodeados de arte? Una ardiente puesta de sol. Olas espumosas.

¿Y no es el alma su estudio? El nacimiento del amor, el legado de la gracia. Alrededor nuestro todos los prodigios explotan como luciérnagas: las almas reciben un toque, los corazones cambian, y...

Se oye un bostezo. Nos lo hemos perdido. Dormimos a través de todo eso. No podemos evitarlo. Es duro cargar la culpa de ayer. Esta bolsa de preocupación tiene mi cuello hecho un nudo. El terror de la muerte es suficiente para romper cualquier espalda.

Estas cosas también son suficientes para hacernos perder lo bueno de la vida. Muchos se lo pierden cada domingo. Personas buenas y decentes se sientan en la iglesia y luchan por mantener abiertos, si no los ojos del cuerpo, por lo menos los del alma.

¿Y qué perdemos? Nos perdemos de ver a Dios que abre los cielos para escucharnos cantar. ¿No deberíamos estar con las manos extendidas al cielo y en puntillas junto al banco?

¿Qué perdemos? ¡Dios se encuentra con nosotros en comunión! ¿No deberíamos distribuir, junto con el pan y el vino, varillas de amoniaco para despertarnos mutuamente de nuestros desmayos de temor reverencial?

¿Qué perdemos? La Palabra de Dios. ¿No deberíamos manejarla como la nitroglicerina? ¿No deberíamos estar completamente despiertos? Deberíamos, pero arrastramos ese baúl de insatisfacciones por toda la ciudad la última semana. Y, además de eso, no pudimos dormir la última noche; nos mantuvimos arrastrando la bolsa de las desilusiones.

Entonces ¡librémonos de las bolsas! De una vez por todas, entreguémosle a Él nuestro equipaje. ¡Tomémosle la palabra! «Venid a mí todos los que estáis trabajados y cargados, y yo os haré descansar» (Mateo 11.28).

Descanso de la carga de un dios inferior. ¿Por qué? Porque yo he encontrado a **Jehová**.

Descanso de hacer las cosas a mi manera. ¿Por qué? Porque **Jehová es mi pastor.**

Descanso de los deseos interminables. ¿Por qué? Porque **nada me faltará**.

Descanso de la fatiga. ¿Por qué? Porque **Él me hace descansar.**

Descanso de la preocupación. ¿Por qué? Porque **Él me guía**.

Descanso de la desesperanza. ¿Por qué? Porque **Él confortará mi alma.**

Descanso de la culpa. ¿Por qué? Porque **Él me guía por sendas de justicia**.

Descanso de la arrogancia. ¿Por qué? **Por amor de su nombre**.

Descanso del temor a la muerte. ¿Por qué? Porque **Él estará conmigo**

Descanso de la sombra de la aflicción. ¿Por qué? Porque **Él me guía**.

Descanso del temor. ¿Por qué? Porque **su presencia me conforta**.

Descanso de la soledad. ¿Por qué? Porque **Él está conmigo**.

Descanso de la vergüenza ¿Por qué? Porque **Él ha preparado mesa para mí en presencia de mis angustiadores.**

Descanso de las desilusiones ¿Por qué? Porque **Él me unge**.

Descanso de la envidia. ¿Por qué? Porque **mi copa rebosa**.

Descanso de las dudas. ¿Por qué? Porque **Él me sigue**.

Descanso de la nostalgia ¿Por qué? Porque **moraré en la casa del Señor por siempre**.

Y mañana, cuando por hábito tome su equipaje, déjelo en el suelo nuevamente. Vuelva a dejarlo una y otra vez, hasta ese dulce día en que ya no lo levantará más.

Y ese día, cuando sienta la carga más liviana, cuando haya dado un paso para viajar sin equipaje, cuando tenga energía para ponderar los misterios de la vida, hágame un favor. Vaya al vestíbulo del Louvre y vuélvase a la izquierda. Espere su turno detrás del cordón escarlata. Échele una buena y larga mirada a la *Mona Lisa*, y dígame, ¿por qué le dan tanta importancia?

Notas

Capítulo 2: El Do central de la vida

1. O, en Hebreo, cincuenta palabras describen la primera.
2. Alrededor del año 200 dC los escribas cristianos comienzan a escribir las vocales de *Adonai* bajo el tetragrámaton (YHWH), recordando al lector decir «Adonai». La palabra era impronunciable hasta que un estudioso alemán en la mitad del siglo XIX insertó las vocales de Adonai entre las consonantes de *Yahweh* creando el nombre *Jehová*, un nombre que nunca ha existido en ningún lenguaje.
3. Nathan Stone, *Names of God* (Chicago: Moody Press, 1944), 20.
4. Donald W. McCullough, *The Trivialization of God: The Dangerous Illusion of a Manageable Deity* (Colorado Springs: NavPress, 1995), 66.
5. Ibid., 54.

Capítulo 3: Lo haré a mi manera

1. Con aprecio a Rick Reilly y a su capítulo sobre Jean Van de Velde, «*Mon Dieu!* Better Safe Than Sorry!» en *The Life of Reilly* (New York: Total Sports ilustrado, 2000), 175-77.

Capítulo 4: La prisión de la necesidad

1. Randy C. Alcorn, *Money, Possessions, and Eternity* (Wheaton, Ill.: Tyndale Publishers, 1989), 55.

2. Chris Seidam, *Little Buddy* (Orange, Calif.: New Leaf Books, 2001), 138. Usado con permiso.

3. Rick Atchley, «I have learned the Secret» audiocinta 7 de 1997 Pepperdine Lectures (Malibu, Calif., 1997). Usado con permiso.

4. Usado con permiso.

CAPÍTULO 5: TE HARÉ DESCANSAR

1. Robert Sullivan, «Sleepless in America» *Life*, Febrero 1998, 56-66 y *Prime Time Live*, 2 de Marzo de 1998.

2. Sullivan, «Sleepless», 63.

3. Ibid.

4. Phillip Keller, *A Shepherd Looks a Psalm 23* (Grand Rapids, Mich.: Zondervan Publishing, 1970; reimpreso en *Phillip Keller: The inspirational writings*, New York: Inspirational Press, 1993), 28-29 (las páginas citadas son de la edición reimpresa).

5. Helmut Thielicke, *Encounter with Spurgeon*, traducido por John W. Doberstein (Philadelphia: Fortress Press, 1963; reimpresa, Grand Rapids, Mich.: Baker Book House, 1975), 220 (la página citada es de la edición reimpresa).

CAPÍTULO 6: LOS ¿Y SI? Y LOS ¿CÓMO?

1. Og Mandino, *The Spellbinder's Gift* (New York.: Fawcett Columbine, 1995), 70-71.

2. From «Worrier and Warrior» un sermón de Ted Schroder, Iglesia cristiana episcopal, San Antonio Texas, en Abril 10 de 1994.

3. Ver el Salmo 119.105.

CAPÍTULO 9: VENCERSE A SÍ MISMO

1. Rick Reilly, *The Life of Reilly* (New York: Total Sports Illustrated, 2000), 73.

2. Paul Lee Tan, *Enciclopedia de 7700 illustations* (Rockville, Md.: Assurance Publishers, 1979), 211.

3. Ibid., 1100.

4. William J. Bennett, ed., *The Spirit of America: Words of Advice from the Founders in Stories, Letters, Poem and Speeches* (New York: Touchstone, 1997), 161.

CAPÍTULO 10: TE LLEVARÉ AL HOGAR

1. Phillip Keller, *A Shepherd Looks at Psalm 23* (Grand Rapids, Mich.: Zondervan Publishing, 1970; reimpreso, in *Phillip Keller: The Inspirational Writings*, New York: Inspirational Press, 1993), 70 (la página citada es de la edición reimpresa).

2. F.W. Boreham, *Life Verses: The Bible's Impact on Famous Lives*, vol. 2 (Grand Rapids, Mich.: Kregel Publications, 1994), 211.

CAPÍTULO 11: CUANDO LLEGA EL DOLOR

1. Michael P. Green, ed., *Illustrations for Biblical Preaching* (Grand Rapids, Mich.: Baker Book House, 1989), 91

CAPÍTULO 14: EL GALLO CANTOR Y YO

1. Charles W. Slemming, *He leadeth Me: The Shepherd's Life in Palestine* (Fort Washington, Pa.: Christian Literature Crusade, 1964), citado en Charles R. Swindoll, *Living Beyond the Daily Grind, Book 1: Reflec-*

tions on the Songs and Saying in Scripture (Dallas: Word Publishing, 1988), 77-78.

Capítulo 15: Oveja resbalosa y heridas sanadas

1. «Pablo estuvo en prisión varias veces: Filipos (Hechos 16.23); Jerusalén (Hechos 23.18); Cesarea (Hechos 23.33; 24.27; 25.14); y Roma (Hechos 28.16,20,30)». Robert B. Hughes and J. Carl Laney, *New Bible Companion* (Wheaton, Ill.: Tyndle House Publishers, 1990), 681.

2. Phillip Keller, *A Shepherd Looks at Psalm 23* (Grand Rapids, Mich.: Zondervan Publishing, 1970; reimpresión, in *Phillip Keller: The Inspirational Writings*, New York: Inspirational Press, 1993), 99 (la página citada es de la edición reimpresa).

Capítulo 16: Sesión de mermelada

1. F.B. Meyer, The Shepherd Psalm (Grand Rapids, Mich.: Kregel Publications, 1991), 115.

2. De un sermón titulado «God's Antidote to Your Hurt» de Rick Warren.

Capítulo 17: La amorosa búsqueda de Dios

1. F.B. Meyer, *The Shepherd Psalm* (Grand Rapids, Mich.: Kregel Publications, 1991), 125.

2. Aunque la historia fue escrita originalmente para este libro, apareció en *The Gift for All People*. Gracias a Multnomah Publishing por permitirnos usar éste en Aligere su Equipaje.

CAPÍTULO 18: CASI EL CIELO

1. Calvin Miller, *Into the Depths of God: Where Eyes see the Invisible, Ears Hear the Inaudible, and Minds Conceive the Inconceivable* (Minneapolis: Bethany House, 2000).

2. Dave Barry, *Dave Barry Turns 40* (New York: Crown, 1990), citado en Helen Exley, *A Spread of Over 40s Jokes* (New York: Exley Giftbooks, 1992).

Guía de estudio

Aligere su equipaje

Preparada por Steve Halliday

1

El equipaje de la vida

Viaje hacia atrás

1. *Las valijas que llevamos no son de cuero; están hechas de cargas. La maleta de la culpa. Una bolsa de descontento o un bolso colgado al hombro y otro de mano lleno de penas. Agréguese a esto una mochila de dudas, un saco de dormir de soledad y un baúl de temores. Pronto estará acumulando cosas hasta el cielo. No es extraño que al final del día esté tan cansado. Acomodar el equipaje es algo que cansa.*

   A. ¿Cuál de las «maletas» mencionadas aquí es la que más le molesta? ¿Por qué?

   B. ¿Ha dejado algún equipaje atrás? ¿Cómo se sintió al hacerlo?

2. *Lo que usted me decía Dios se lo dice a usted: ¡Deja todo eso! ¡Llevas cargas que no necesitas llevar!*

   A. ¿Por qué piensa que llevamos bultos que no necesitamos llevar?

   B. ¿Qué conserva de las cargas que se han mencionado y que no necesita llevar?

3. *Aligerar su equipaje significa encargar a Dios las cargas que usted nunca debió llevar.*

   A. ¿Qué significa confiar a Dios una carga? ¿Cómo hacer ésto?

   B. ¿Qué ha aprendido usted al observar a otros con su «equipaje»?

VIAJE HACIA ARRIBA

1. Leer Salmo 23

   A. ¿Qué imágenes saltan a su mente cuando lee este salmo?

   B. ¿Qué memorias le hace evocar este salmo?

   C. ¿Qué parte de este salmo significa más para usted? ¿Por qué?

   D. ¿Cómo nos enseña este salmo a entregar las cargas personales?

2. Leer Mateo 11.28-30

   A. ¿Para quién son dirigidas esas palabras? ¿Lo incluyen a usted?

   B. ¿Qué promesa hace Jesús a aquellos que responden a su invitación?

   C. ¿Está usted aprovechando la invitación de Jesús? ¿Por qué? o ¿Por qué no?

3. Leer 1 Pedro 5.7

   A. ¿Qué nos instruye a hacer este versículo? (¿Lo estamos haciendo?).

   B. ¿Qué razón da Pedro para obedecer a esta orden?

   C. ¿Qué beneficio podemos recibir cuando obedecemos?

VIAJE HACIA DELANTE

1. Reserve al menos una media hora para la oración, y pídale al Señor que le revele algunas cargas que usted necesite dejar. Ore con un pedazo de papel y un lápiz en la mano, y escriba alguna carga que el Señor traiga a su mente. Muestre la lista completa a su amigo más cercano, y pídale que ore con usted que Dios muestre cómo liberarse de esas cargas.

2. ¿Qué cargas llevan sus seres queridos innecesariamente? ¿Qué podría usted hacer para ayudarlos a ellos a deshacerse de esas cargas innecesarias?

2

El Do central de la vida

La carga de un dios inferior

Viaje hacia atrás

1. *Con sus primeras palabras en el Salmo 23, David nos da la salida para liberarnos de la carga de una divinidad inferior.*

   A. ¿Qué divinidades inferiores ejercen una atracción para su conocimiento?

   B. ¿Por qué alguien se decidiría por una divinidad inferior?

2. Max dice que muchas personas se deciden por una de estas tres divinidades: Dios como un genio en una botella, como un dulce abuelo, o como un papá ocupado.

   A. Describa en sus propias palabras cada una de esas divinidades inferiores. ¿Qué parece atractiva de ellas?

   B. ¿Alguna de esas tres divinidades menores se ha interesado en usted? ¿Por qué? o ¿Por qué no?

3. *Dios es «el que es» y «el que causa».¿Por qué eso es importante? Porque necesitamos un Dios grande. Si Dios es «el que es», entonces es un Dios inmutable.*

   A. ¿Por qué necesitamos un gran Dios? ¿Por qué necesitamos un Dios inmutable?

   B. ¿Qué sería diferente sobre su vida si Dios fuera más pequeño? ¿Cómo se sentirías si Él cambiara caprichosamente?

4. *Inmutable. No causado. No gobernado. Estas son sólo una fracción de las*

cualidades de Dios, pero ¿no bastan para darle una visión de su Padre? ¿No necesitamos esta calidad de Pastor? ¿No necesitamos un Pastor inmutable?

A. ¿Cómo contestaría usted las preguntas de Max?

B. Dé un ejemplo de cómo Dios ha sido un pastor inmutable en su vida.

Viaje hacia arriba

1. Leer Éxodo 3.13-17;6.2-8

A. ¿Qué aprende usted sobre el nombre de Dios?

B. ¿Qué aprende usted del que Dios registre su huella?

C. ¿Qué aprende usted sobre lo concerniente a Dios y su pueblo?

2. Leer Salmo 102.25-27;139.7-12

A. ¿Qué aprende usted sobre Dios en esos pasajes? ¿Cómo esos versos afectan su visión de Dios?

3. Leer 1 Timoteo 6.13-16

A. ¿Qué aprende usted sobre Dios en este texto?

B. ¿Qué sugiere Pablo que nosotros respondamos a Dios?

4. Leer Isaías 40.21-31

A. ¿Qué revela este texto sobre Dios?

B. ¿Qué piensa Dios de los pretendientes a su trono?

C. ¿Cómo Dios destina esta majestuosa imagen de Él a animar nuestros fatigados corazones?

Viaje hacia adelante

1. Haga un estudio sobre los falsos dioses descritos en la Escritura. Comience con nombres tales como «Baal», «Asera», y otros géneros de «dioses». Haga otra investigación, tal vez en un buen dic-

cionario Bíblico, para descubrir alguna cosa sobre esos «dioses inferiores». ¿Cómo ellos se comparan al Dios de Jesús?

2. Pase un tiempo meditando y concéntrese en los atributos del real Dios de la Biblia. Considere el usar un devocional diario tal como: *Cuán grande eres tú* (Hermana, Ore.: Multnomah, 1999), en el cual se enfoca el año completo sobre la majestuosidad y grandeza de Dios.

3

Lo haré a mi manera.

La carga de la confianza en sí mismo.

Viaje hacia atrás

1. *Los humanos queremos hacer las cosas a nuestra manera. Olvidamos la vía sencilla. Olvidamos el camino común. Olvidamos el mejor método. Olvidamos el camino de Dios. Queremos hacer las cosas a nuestra manera.*

   A. ¿Qué es lo que nos motiva a buscar nuestra propia manera?

   B. ¿Cuándo nosotros confiamos en nosotros mismos, antes que en Dios, cuáles son los resultados?

2. *Cuando David, que era un guerrero, cantor y embajador de Dios, buscaba una ilustración de Dios, recordó sus días como pastor. Su cuidado por las ovejas le hizo recordar el cuidado de Dios por nosotros. David se regocijaba al decir: «Jehová es mi pastor», y al hacerlo orgullosamente daba por entendido, «y yo soy su oveja».*

   A. ¿Por qué piensa usted que David escogió describir a Dios a través de la imagen de un pastor? ¿Por qué no usó otra imagen?

   B. ¿Usted piensa orgullosamente de usted como una oveja? Explique.

3. *¿Usted me complacerá y tomará un simple cuestionario? Vea si usted tiene éxito al poner la confianza en sí mismo. Alce su mano si algo de lo siguiente lo describe.*

   Usted puede controlar sus estados de ánimo.

   Usted está en paz con todos.

Usted no tiene temores.

Usted no necesita perdonar.

A. Describa a alguien que usted conozca y que crea que se adecua a uno de los enunciados anteriores.

B. ¿Cuál de esos cuatro aspectos de la vida lo motivan a usted a luchar? Explique.

C. ¿A qué se debe que aquellos que más necesitan un pastor se le resisten?

Viaje hacia arriba

1. Leer Jeremías 17.5-8

   A. ¿Qué piensa el Señor de aquellos que ponen su confianza en sí mismos (v. 5)?

   B. ¿Cuál es el resultado de confiar en uno mismo (v. 6)?

   C. ¿Cómo se siente el Señor acerca de los que confían en Él (v. 7)?

   D. ¿Cuál es el resultado de confiar en Dios (v. 8)?

2. Leer Deuteronomio 8.10-18

   A. ¿Qué hacemos nosotros en tiempos de prosperidad (v. 10)?

   B. ¿En qué manera la prosperidad puede ser una amenaza espiritual (vv. 11-14)?

   C. ¿Por qué es insensato creer que nosotros somos autosuficientes (vv. 15-18)?

3. Leer 1 de Corintios 4.6-7

   A. ¿Qué significa «no pensar más de lo que está escrito» (v. 6)? ¿Por qué la Biblia nos advierte de «no pensar más de lo que está escrito»?

   B. ¿Cómo respondería usted a las tres preguntas de Pablo en el verso 7?

Viaje hacia adelante

1. Conscientemente salga de su zona de confort, y haga alguna cosa que requiera que usted confíe en otra persona. Haga algo tan exótico como un salto en paracaídas o tan mundano como preguntar direcciones en un lugar que usted nunca ha visitado.

2. Leer el clásico *Un pastor mira en el Salmo 23* por Phillips Keller para alcanzar una mejor imagen de qué significa ser un pastor en el redil de Dios.

4

La prisión de la necesidad

La carga del descontento

Viaje hacia atrás

1. *La prisión de la necesidad. Usted ha visto sus prisioneros. Tienen «necesidad». Siempre necesitan algo. Quieren algo más grande. Más hermoso. Más rápido. Más delgado. Ellos necesitan.*

   A. ¿Estás en prisión?

   B. ¿Qué cosas de la vida son las más deseadas para enviarlo a usted a esta prisión? Descríbalas.

2. *David ha encontrado los pastos donde va a morir el descontento. Es como si dijera: «Lo que tengo en Dios es más grande que lo que no tengo en la vida».*

   A. ¿Qué tiene usted en Dios? Enumere las diez primeras cosas que vengan a su mente.

   B. ¿Puede usted decir que lo que usted tiene en Dios es más grande que lo que no tiene en la vida? Explique.

3. *¿Espera que un cambio de circunstancias traerá un cambio en su actitud? Si es así, usted está en prisión, y necesita aprender un secreto para aligerar su equipaje.*

   A. Conteste la pregunta anterior y explique sus respuestas.

   B. ¿Cuál es este secreto de viajar con poco equipaje ¿Cómo se hace uno experto en esto?

4. *¿Qué cosa específicamente se interpone entre usted y su gozo? ¿Cómo llenaría la línea siguiente?: «Seré feliz cuando _____». Cuan-*

do sane. Cuando ascienda. Cuando me case. Cuando esté solo. Cuando sea
rico. ¿Cómo podría terminar esta oración?

A. Conteste las preguntas anteriores.

B. ¿Cómo estas cosas lo separan a usted de la alegría? ¿Cuánto tiempo ha sido así? ¿Cómo puede usted despojarse de esto y del poder que tiene sobre usted?

VIAJE HACIA ARRIBA

1. Leer Lucas 12.13-21

   A. ¿Qué nos advierte Jesús en el verso 15? ¿Qué declaración hace Él?

   B. ¿Qué error cometió el hombre rico en la parábola contada por Jesús?

   C. ¿Qué significa ser «rico para con Dios» (v. 21)? ¿Es usted rico para con Dios? Explique.

2. Leer Filipenses 4.10-13

   A. ¿Por qué Pablo dice «me gocé en el Señor» (v. 10)?

   B. ¿Qué secreto describe Pablo en el verso 12? ¿Cómo tiene él acceso a este secreto? ¿Usted conoce este secreto? Explique.

   C. ¿Cómo se relaciona el verso 13 con el contexto del pasaje? ¿Cómo se relaciona específicamente con la satisfacción?

3. Leer 1 Timoteo 6.3-10

   A. ¿Cómo caracteriza Pablo a aquellos quienes enseñan que la piedad significa fuente de ganancias (v. 5)?

   B. ¿Qué dice Pablo que es «gran ganancia» (v. 6)?

   C. ¿Qué razón da Pablo para su enunciado (vv. 7-8)?

   D. ¿Qué advierte Pablo en los versos 9 y 10? ¿Por qué tanta gente

ignora esta advertencia? ¿Qué piensa usted de esta advertencia? Explique.

Viaje hacia adelante

1. Haga una lista de al menos una docena de cosas que usted posea,
   ya sean espirituales o materiales, que hayan llegado a usted como
   resultado de su relación con Dios.

2. Haga un estudio bíblico sobre la satisfacción. Use una buena concordancia para encontrar palabras tales como contento y satisfe-
   cho, luego estudie los versos que usted encuentre. También vea
   un buen diccionario bíblico o enciclopedia que hable sobre el
   tema. ¿Qué aprendió?

5

Te haré descansar

La carga del cansancio

Viaje hacia atrás

1. *La gente con demasiado trabajo y poco sueño van al lugar de reclamo del equipaje de la vida y recogen el bolso del cansancio. Usted no lo carga. No se lo cuelga del hombro para caminar por la calle. Usted lo arrastra como lo haría con un obstinado perro San Bernardo.*

   A. ¿Qué clase de cosas tienden a hacerle a usted cansarse?

   B. ¿Cómo usted normalmente trata con el cansancio? ¿Qué hizo usted la última vez que el cansancio lo golpeó duro?

2. *Según nuestra mentalidad, estar bien ocupado es estar a un paso de la santidad. Idealizamos a Tomás Edison, quien decía que podía vivir con quince minutos de sueño. Y por el contrario nos olvidamos de Albert Einstein, que promediaba once horas de sueño por noche.*

   A. ¿Cuán a menudo usted le dice a otros, «yo estoy realmente ocupado ahora»? ¿Qué lo mantiene a usted tan ocupado?

   B. ¿Cuánto duerme usted normalmente? ¿Es suficiente para que usted funcione bien? Explique.

3. *El mensaje de Dios es claro: «Si la creación no sucumbió cuando reposé, no sucumbirá cuando reposes». Repita conmigo estas palabras: No es mía la tarea de hacer funcionar al mundo.*

   A. Nombre alguna de las razones que usted haya oído (o que usted mismo haya usado) para no tener un adecuado descanso.

B. ¿Por qué usted piensa que Dios enfatiza tanto el cuarto mandamiento, sobre el descanso del día de reposo?

4. *En un mundo difícil debido al fracaso humano, hay una tierra de abundancia con la divina misericordia. Su Pastor le invita a venir. Quiere que usted se recueste, que se hunda hasta quedar oculto, en medio de los altos pastos de su amor. Allí encontrará descanso.*

A. ¿Cuál es su manera favorita de abrigarse profundamente «en medio de los altos pastos de su amor»? Describa lo que más lo renueva a usted.

B. ¿Qué lo mantiene a usted alejado de descansar en el amor de Dios ahora?

Viaje hacia arriba

1. Leer Éxodo 20.8-11

   A. ¿Qué significa mantener el día de reposo «santo»?

   B. ¿Qué le ordena Dios a Israel en los versos 9-10?

   C. ¿Qué razón da Dios en el verso 11 para su mandamiento?

   D. ¿Por qué usted piensa que Dios valora tan grandemente nuestro descanso?

2. Leer Isaías 30.15-18

   A. ¿De acuerdo al verso 15, en qué consistía la salvación de Israel? ¿Cómo respondió la nación a esta dirección?

   B. ¿Qué respuesta es descrita en el verso 16? ¿Cómo respondemos nosotros en un modo similar?

   C. ¿Cuál es el resultado de ignorar la orden de Dios de descansar (v. 17)?

   D. A pesar de nuestra necedad, ¿cómo nos trata el Señor (v. 18)?

3. Leer Hebreos 4.1-11.

A. ¿Qué nos advierte el escritor en el verso 1?

B. ¿Qué conserva el pueblo al entrar en el descanso de Dios (vv. 2-6)?

C. ¿Cuándo es el mejor tiempo para obedecer al mandamiento de Dios (v. 7)?

D. ¿Qué tipo de descanso es el que el escritor describe en el verso 9?

E. ¿Cómo «trabajamos» nosotros para entrar en el descanso de Dios (v. 11)?

Viaje hacia adelante

1. ¿Qué actividades o eventos lo mantienen a usted ocupado? Haga un experimento para juzgar la exactitud de sus presunciones. Mantenga un «diario de negocios» por una semana, donde recuerde las cosas que ocupan su tiempo. Escriba no sólo lo que hizo, sino también cuánto tiempo ocupó. Luego al final de la semana evalúe sus días. ¿Está usted ocupado haciendo las cosas que más le importan? ¿O usted necesita hacer algunos cambios?

2. ¿Cuánto tiempo duerme usted? Haga un esquema para un mes, recordando la cantidad y calidad de su sueño. ¿Los resultados lo sorprenden? ¿Qué cambios, si hay alguno, usted necesita hacer?

6

Los ¿y si? Y los ¿cómo?

La carga de las preocupaciones

Viaje hacia atrás

1. *La preocupación es una bolsa firme de cargas. Está llena de ¿y si...? y ¿cómo...? «¿Y si llueve en mi boda?» «¿Cómo puedo saber cuándo disciplinar a mis hijos?» «¿Y si me caso con un tipo que ronca?» «¿Cómo pagaremos la instrucción de nuestro bebé?»*

   A. ¿Cuál «¿y si?» problema considera el más grande?

   B. ¿Cuál «¿cómo?» le dio la mayor aflicción?

   C. ¿Cómo usted trata con esos «¿y si?» y «¿cómo?» típicamente?

2. *La preocupación divide la mente. La palabra bíblica preocupación (merimnao) en griego está formada por dos palabras, merizo (dividir) y nous (mente). La ansiedad divide nuestra energía entre las prioridades de hoy y los problemas de mañana. Parte de nuestra mente está en el ya; el resto está en el todavía no. El resultado es una vida con la mente dividida.*

   A. ¿Qué cosas prácticas podemos nosotros hacer para no gastar las energías del día de hoy en los problemas de mañana?

   B. ¿Qué asuntos son los que más comunmente lo llevan a usted hacia una vida con la mente dividida? ¿Por qué?

3. *Dios nos guía. Dios hará lo que corresponde a su debido tiempo. ¡Qué diferencia hace eso!*

   A. ¿Cómo lo ha guiado Dios a usted en el pasado? Describa el último suceso?

B. ¿Nosotros creemos que Dios hará lo correcto en el tiempo correcto? ¿Cómo cambian nuestras vidas si nosotros creemos realmente esto?

C. ¿Qué cosa de tu vida cambiarías ahora mismo si creyeras esto completamente?

4. *Enfrente los problemas de hoy con la energía de hoy. No se fije en los problemas de mañana hasta mañana. Aun no tiene las fuerzas de mañana. Ya tiene suficiente para el día de hoy.*

A. ¿Cuántas de las cosas de que usted se ha preocupado, actualmente están en el pasado?

B. ¿Cuales asuntos deberían ser tratados hoy y usted los está evitando para tratar de resolverlos mañana?

Viaje hacia arriba

1. Leer Mateo 6.25-34

A. ¿Qué razón da Jesús para rehusar la preocupación (vv. 25- 27)?

B. ¿Por qué los cristianos no deberían preocuparse en la misma medida que los no creyentes (vv. 31-32)?

C. Si no debemos preocuparnos, ¿qué estamos haciendo nosotros (v. 33)? ¿Qué significa esto en términos prácticos?

D. ¿Qué razón adicional para no preocuparse da Jesús en el verso 34?

2. Leer Filipenses 4.6-8

A. ¿Cómo recomienda Pablo que nosotros combatamos la preocupación?

B. De acuerdo con Pablo, ¿de qué gozaremos nosotros cuando sigamos su consejo?

C. En vez de preocuparse, ¿con qué tipo de cosas deberíamos llenar nuestra mente (v. 8)?

3. Leer Hebreos 4.14-16

A. Describa al sacerdote retratado en este pasaje.

B. ¿Qué dice el verso 16 acerca de combatir nuestra preocupación?

VIAJE HACIA ADELANTE

1. Haga una lista de las cosas de la vida que más le preocupan. Luego, una por una, encomiéndelas al Señor en oración. Cuando usted ore por ellas, las lágrimas caerán en la hoja de papel y podrá tirar ésta a la basura.

2. Use una buena concordancia para hacer un estudio sobre la palabra preocupación. Busque términos como preocupación, preocupado, ansioso, y ansiedad, y estudie los versos que usted encuentre. ¿Qué aprendió sobre cómo combatir la preocupación?

7

Allá afuera hay una selva

La carga de la desesperanza.

Viaje hacia atrás

1. *La desesperanza es una bolsa extraña. A diferencia de las otras, no está llena, está vacía, y esto es lo que provoca la carga. Ábrala y revise todos sus bolsillos. Déle vuelta y sacúdala con fuerza. La bolsa de la desesperanza está completamente vacía.*

   A. Describa el tiempo cuando usted se sintió sin esperanza. ¿Qué le hizo a usted sentirse de ese modo?

   B. ¿Qué cosa en su vida amenaza ahora su esperanza? ¿Cómo luchará usted con eso?

2. *Si usted tiene una persona, pero no una visión renovada, lo único que tiene es compañía. Si él tiene visión, pero sin orientación, tiene por compañero a un soñador. Pero si tiene a una persona con orientación, que le puede llevar de allí al lugar correcto, usted puede recobrar la esperanza.*

   A. ¿Por qué tomar un guía competente para recobrar la esperanza?

   B. ¿Usted tiene tal guía? Explique.

3. *Dios, tu rescatador tiene la visión correcta. También tiene la dirección correcta. Hizo la más osada afirmación en la historia del hombre cuando declaró: «Yo soy el camino».*

   A. ¿Qué quiso decir Jesús cuando dijo: «Yo soy el camino»?

   B. ¿Por qué no fue arrogante de parte de Jesús el decir que Él era el camino? Entonces, que hay con Muhamed, el Dalai Lama, o líderes espirituales de otras creencias?

4. *Preguntamos a Dios: «¿Hacia dónde me llevas? ¿Dónde está el camino?» Y Él, como el guía, no nos dice. Oh, Él puede darnos una o dos pistas, pero eso es todo. Si lo hiciera, ¿entenderíamos? ¿Comprenderíamos nuestra localización? No, como el viajero no estamos familiarizados con esta selva. Por eso en lugar de darnos una respuesta, Jesús nos da un don mucho mayor. Se da a sí mismo.*

   A. ¿Cómo le hace sentir a usted que Dios casi nunca nos diga que Él se dio por nosotros? ¿Usted desearía que Él hubiera hecho las cosas en forma diferente? Explique.

   B. ¿De qué manera Jesús lo ha guiado a usted en el pasado? ¿Cómo está usted dependiendo de su guía ahora mismo?

Viaje hacia arriba

1. Leer el Salmo 121

   A. ¿De dónde espera el salmista que venga su esperanza (v. 2)?

   B. ¿Cuánto duerme Dios cada noche (vv. 3-4)? ¿Por qué es esto importante?

   C. ¿Qué tipo de cosas son las que hay que ver en los versos 5-8? ¿Cómo ésto puede darle a usted esperanza?

2. Leer el Salmo 33.16-22

   A. ¿Qué es lo que no puede salvar un rey o un guerrero (vv.16-17)? ¿Por qué son esas cosas esperanzas vanas?

   B. ¿Sobre quién el Señor fija sus ojos (v. 18)? ¿Qué diferencia hace este hecho?

   C. ¿Qué quiere decir «espera a Jehová» (v. 20)? ¿Cómo puede usted poner su esperanza en el Señor?

3. Leer Romanos 8.18-25

   A. ¿Por qué nosotros deberíamos evitar darle demasiada importancia a nuestros sufrimientos presentes (v.18)?

   B. ¿Por qué nosotros necesitamos esperar en primer lugar (vv. 19-23)?

   C. ¿Cómo define Pablo la real esperanza (v. 24)?

   D. ¿Por qué siempre es demasiado pronto para entregar la esperanza (v.25)?

VIAJE HACIA ADELANTE

1. Tome una excursión con un guía a un lugar que usted nunca haya visitado. Durante la excursión, conscientemente recuérdese a sí mismo como su Salvador desea guiarlo a lo largo de la vida.

2. Haga un estudio de la Biblia sobre la esperanza. Use una buena concordancia para encontrar la palabra esperanza y sus derivados, como esperando, esperanzado, etc. ¿Qué aprendió?

8

Intercambio celestial

La carga de la culpa

Viaje hacia atrás

1. *Dios nunca se equivoca. Nunca ha tomado una decisión incorrecta, ni ha mostrado una mala actitud, ni ha tomado el sendero equivocado; nada ha dicho de malo y nunca ha actuado en una forma errada. Nunca se anticipa ni se atrasa; no es demasiado ruidoso ni demasiado suave, precipitado ni lento. Siempre ha sido justo y siempre lo será. Él es justo.*

    A. ¿Ha sentido alguna vez que Dios haya cometido algún error con su vida? Si es así, ¿Cómo trató usted con este sentimiento?

    B. ¿Quién es la persona más «recta» que usted conoce? ¿Qué le hace decir eso de esa persona?

2. *El peso del cansancio hace que usted se decaiga. La confianza en uno mismo lo desvía a usted del camino. Las decepciones lo desalientan. La ansiedad lo fastidia. Pero, ¿la culpa? La culpa lo consume. Entonces, ¿qué hacemos? Nuestro Señor es recto, y nosotros estamos errados. Su fiesta es para los que no tienen culpa, y nosotros somos todo, menos eso ¿Qué podemos hacer?*

    A. Conteste la pregunta anterior.

    B. ¿Cómo trata usted con las decepciones, con la ansiedad y con la culpa?

3. *Fue al mismo tiempo el momento más hermoso y más terrible de la historia. Jesús estuvo en el tribunal del cielo. Extendió una mano sobre toda la crea-*

ción, y rogó: «*Castigadme a mí por sus errores. ¿Veis ese homicida? Dadme su castigo. ¿La adúltera? Yo llevaré su vergüenza. ¿El estafador, el mentiroso, el ladrón? Hacedme a mí lo que ellos merecen. Tratadme como trataríais a un pecador*». *Y Dios lo hizo.*

A. ¿Por qué el inocente Jesús solicitó tomar el castigo merecido para los asesinos, adúlteros y otros pecadores?

B. ¿Hubiera permitido usted que Jesús tomara sobre sí mismo su pecado? Explique.

4. *La senda de justicia es una huella estrecha que sube serpenteando hacia una empinada montaña. En la cumbre, hay una cruz. En la base de la cruz hay bolsas. Incontables bolsas llenas de innumerables pecados. El Calvario es un cúmulo de abono por la culpa. ¿Le gustaría dejar allí su bolsa?*

A. ¿De qué manera es el Calvario «el cúmulo de abono por la culpa»?

B. Si usted ha puesto su bolso de culpas a los pies del Calvario, describa ¿cómo ocurrió esto? Si usted no lo ha hecho aún, ¿por qué no?

VIAJE HACIA ARRIBA

1. Leer Romanos 3.9-18

A. ¿Qué quiere decir estar «bajo pecado»? ¿quién está «bajo pecado»(v. 9)?

B. Enumere las características de estar «bajo pecado» (vv. 10-17)?

C. ¿Cómo resume el verso 18 todas las características que usted ya enumeró?

2. Leer Isaías 45.21-25

A. ¿Cómo se describe Dios a sí mismo en el verso 21?

B. ¿Qué ordena Dios en el verso 22?

C. ¿Qué predice Dios en los versos 23-24?

D. ¿Qué promesa hace Dios en el verso 25? ¿A quien está Él refiriendose?

3. Leer Romanos 5.6-11 y 1 Pedro 3.18

A. De acuerdo a Romanos 5.6, ¿por quién murió Cristo?

B. ¿Qué llevó a Cristo a morir por nosotros (v. 8)?

C. ¿Cuál es la diferencia entre ser «justificado» y «salvado» (v.9)?

D. ¿Cuál es la reacción normal de alguien que ha sido «reconciliado» (v. 11)? ¿Es esta su reacción? Explique.

Viaje hacia adelante

1. Lea un libro contemporáneo de un autor que intercambie sus culpas por el perdón de Dios. ¿Cómo esto le recuerda a usted de su propia necesidad de perdón?

2. ¿Hay alguien en su vida que usted necesite perdonar, pero no lo ha hecho? Recuerde las palabras de Jesús: «Mas si no perdonáis a los hombres sus ofensas, tampoco vuestro Padre os perdonará vuestras ofensas» (Mateo 6.15). Anímese a perdonar hoy a esta persona y si es posible, hágale saber lo que usted ha hecho.

9

Vencerse a sí mismo

La carga de la arrogancia

Viaje hacia atrás

1. *Dios...no desaprueba la arrogancia. No le desagrada la arrogancia. No está desfavorablemente dispuesto hacia la arrogancia. Dios la odia. Lo que una comida de gusanos produce en nuestro estómago es lo que el orgullo humano hace en el de Dios.*

   A. ¿Por qué usted piensa que a Dios le disgusta la soberbia humana?

   B. ¿Usted se consideraría a sí mismo una persona soberbia? ¿Otras personas están de acuerdo con usted? Explique.

2. *Dios...aborrece la arrogancia porque nada hemos hecho que justifique nuestra arrogancia. ¿Le dan el premio al lienzo los críticos de arte? ¿Hay un premio Pulitzer para la tinta? ¿Puede usted imaginar a un escalpelo que se ponga presuntuoso después de un exitoso trasplante de corazón? No, por supuesto. Ellos son sólo instrumentos, de modo que no reciben el crédito por lo que hacen.*

   A. ¿De qué manera somos nosotros «herramientas» en las manos de Dios?

   B. ¿Hay algo a través de estas conclusiones que nos permita ser soberbios? Explique.

3. *¿Por qué Dios tiene algo que ver con nosotros? Por amor de su nombre. No aparece otro nombre en la marquesina. No hay otro nombre entre las luces.*

No hay otro nombre en la primera plana. Todo se hace para la gloria de Dios.

A. ¿Por qué no es inútil para Dios relacionarse con nosotros por amor de su nombre?

B. ¿Qué significa para «la gloria de Dios»? ¿Por qué la gloria de Dios es tan importante?

4. Considere varias maneras para cultivar la humildad y matar la soberbia:

- Evalúese honestamente.
- No tome el éxito con demasiada seriedad.
- Celebre la importancia de los demás.
- Nunca anuncie sus éxitos antes que ocurran.
- Hable con humildad.
- Viva a los pies de la cruz.

A. ¿Quién puede ayudarlo a apreciarse a usted mismo honestamente? ¿Quién puede revelarle esta valoración?

B. ¿Cómo puede usted celebrar la importancia de otros? ¿Quién de su círculo inmediato necesita de usted que lo celebre ahora?

C. ¿Cómo puede usted «vivir a los pies de la cruz»? ¿Qué significa ésto?

Viaje hacia arriba

1. Leer Proverbios 16.5,18-19

A. ¿Qué piensa el Señor del soberbio (v. 5)? ¿Cómo podría responderle Él a ellos?

B. ¿Cuál es el resultado de la soberbia (v. 18)?

C. ¿Qué contraste es hecho en el verso 19? ¿Por qué es esto verdad?

2. Leer Isaías 57.15-19;66.2

   A. ¿Cómo se describe el Señor a sí mismo en el verso 15? ¿Con quién se complace Él para vivir?

   B. ¿Por qué Dios no nos «acusará por siempre» (v. 16)?

   C. ¿Cómo responderá Dios a aquellos quienes se vuelvan a Él en fidelidad (vv. 18-19)?

   D. ¿A quién estima Dios, de acuerdo a Isaías 66.2? ¿Por qué el Señor se delcita en los hombres y mujeres como estos?

3. Leer Filipenses 2.3-11

   A. ¿Qué nos instruye a hacer el verso 3? ¿Qué deberíamos hacer nosotros en cambio?

   B. ¿Qué instrucción recibimos en el verso 5?

   C. ¿Cómo siguió Jesús esta instrucción durante su ministerio (vv. 6-8)?

   D. ¿Cómo Dios retribuyó a Jesús por su fidelidad (vv. 9-11)?

   E. ¿De qué manera podemos nosotros emular el ejemplo de Jesús? ¿Qué está usted haciendo en este aspecto? Explique.

Viaje hacia adelante

1. Vea una película clásica tal como *El ciudadano Kane* para ver como aún en Hollywood a veces se reconoce el mortal veneno de la soberbia humana. ¿Cómo la soberbia destruye a las personas que se dejan controlar?

2. Hacer un estudio bíblico sobre como Dios hace todas las cosas por amor de su nombre. Mirar referencias a «el nombre», «mi nombre», «el nombre de Él», etc. ¿Qué descubrió?

10

Te llevaré al hogar

La carga del sepulcro

Viaje hacia atrás

1. *Algún día nuestro Pastor...nos llevará hacia los montes a través del camino del valle. Nos guiará hasta su hogar a través del valle de sombra de muerte.*

   A. ¿Qué piensa usted de su propia muerte, o usted evita pensarlo? Explique.

   B. ¿Ha estado usted cerca de un creyente que ha muerto? Si es así, describa como el pastor lo guió a través del valle de sombra y de muerte.

2. David nos recuerda dos cosas importantes que pueden ayudarnos a vencer el temor del sepulcro. Todos tenemos que enfrentarnos a esto...*Aunque su primer recordatorio nos hace ser cautos, su segundo recordatorio nos anima: No tenemos que enfrentar solos la muerte.*

   A. ¿Si usted fuera a enfrentar su propia muerte mañana, estaría preparado? Explique.

   B. ¿Cómo se sentiría usted si tuviera que enfrentar la muerte solo? Explique.

3. *No enfrentes la muerte sin enfrentar a Dios. Ni siquiera hables de muerte sin hablarle a Dios. Él y sólo Él puede guiarte a través del valle. Otros pueden especular o aspirar, pero sólo Dios sabe el camino para llevarte a su hogar. Sólo Dios está comprometido a llevarte hasta allá a salvo.*

A. Nombre unas pocas maneras en las cuales Dios ayuda a sus hijos a enfrentar la muerte.

B. ¿Cómo podemos nosotros estar seguros de que Dios está comprometido a llevarnos al cielo a salvo?

4. *[Jesús] puede enviar misioneros que te enseñen, ángeles que te protejan, maestros que te guíen, cantores que te inspiren, y médicos que te curen, pero Él no envía a otro para que te lleve. Esa tarea la reserva para sí mismo.*

A. Cuando Jesús viene a llevarnos a casa, ¿qué piensa usted que podría decirle primero a Él?

B. ¿Por qué usted piensa que Jesús insiste en venir Él en persona para llevarnos? ¿Cómo lo hace sentir esto a usted?

Viaje hacia arriba

1. Leer Salmo 116.15;139.16

A. ¿Qué dice el Salmo 116.15 que es «precioso» para Dios? ¿Por qué es así?

B. ¿Qué demanda hace el Salmo 139.16? ¿Esto lo confortó? Explique.

2. Leer 1 Tesalonicenses 4.13-18

A. ¿Qué aprende usted de este pasaje sobre aquellos que mueren en Cristo?

B. ¿Cómo son entendidas esas palabras para «animarnos»? ¿Por qué somos nosotros instruidos para repetir esas palabras a otros?

3. Leer 2 Corintios 5.1-10

A. ¿Qué quiere decir Pablo con «morada terrestre» (v. 1)? ¿Por qué usa esta imagen?

B. ¿Cómo es la vida en esta «morada»? ¿Cómo contrasta Pablo la vida en la «habitación celestial» (v. 2)?

C. ¿Qué señal tiene Dios para darnos a nosotros y garantizarnos que lo que Él dice podría suceder un día, y que podría suceder actualmente (v. 5)?

D. ¿Cómo es la información en este pasaje para hacernos «confiar» (v. 6)?

E. ¿Qué preferencia expresa Pablo en el verso 8? ¿Por qué él prefiere esto?

F. ¿Cómo es el verso 10 una promesa y una advertencia al mismo tiempo?

Viaje hacia adelante

1. Visite un cementerio cercano, y pase algunas horas leyendo las lápidas para recordarse a usted mismo la realidad de la muerte y que la esperanza de los creyentes puede tener sin embargo su propio abrazo frío.

2. Lea el libro clásico de Herbert Lockyer *Últimas palabras de Santos y Pecadores*. ¿Cómo se comparan las muertes de los dos grupos?

11

Cuando llega el dolor

La carga de la tristeza.

VIAJE HACIA ATRÁS

1. *El bolso negro de la tristeza es difícil de llevar. Es difícil de cargar porque no todos entienden su pesar. Al principio sí. En el funeral. Junto al sepulcro. Pero no ahora; no entienden. La tristeza permanece.*

   A. ¿Cómo trata usted con la pena personalmente?

   B. ¿Cómo podemos nosotros ayudar a alguien que al estar en aflicción no irá muy lejos?

2. *Sólo Dios sabe las razones que hay detrás de sus acciones. Pero hay una verdad clave sobre la cual podemos permanecer. Nuestro Dios es un Dios bueno.*

   A. ¿Por qué piensa usted que Dios, pocas veces «explica» sus acciones en nuestras vidas?

   B. ¿Cómo ha experimentado usted personalmente que Dios es un Dios bueno?

3. *La muerte es el método de Dios para sacar del mal a la gente. ¿De qué clase de mal? ¿Una enfermedad extensa? ¿Una adicción? ¿Una tenebrosa ocasión para la rebelión? No sabemos, pero sí sabemos que ninguna persona vive un día más o un día menos de lo establecido por Dios.*

   A. ¿Ha pensado alguna vez sobre la muerte de este modo? ¿Cuál es el modo de Dios de llevarse a las personas lejos de la maldad? ¿Cómo responde usted a esta idea?

B. ¿Cómo puede la idea de la soberanía de Dios confortar en tiempo de muerte? ¿Cómo puede la doctrina ser usada para aumentar el dolor de alguien?

4. *Dios le guiará a través, no alrededor, del valle de sombra de muerte. Y, de paso, ¿no le da alegría que sea sólo una sombra?*

   A. Si Dios realmente nos ama, ¿por qué Él no nos conduce alrededor del valle de sombra y de muerte? ¿Por qué nos guía a través de éste?

   B. ¿Es la muerte meramente una sombra para usted? Explique.

Viaje hacia arriba

1. Leer Lamentaciones 3.31-33

   A. ¿Cómo puede el verso 31 darle a usted esperanza cuando usted se encuentre sumergido en su propia aflicción?

   B. ¿Qué aprende usted sobre Dios en el verso 32?

   C. ¿Por qué es importante que Dios aunque no «voluntariamente» nos traiga aflicción (v. 33)? ¿Por qué Él nos trae aflicción en todo?

2. Leer Juan 16.20-22

   A. ¿Cuáles fueron las dos promesas que Jesús dio a sus discípulos en el verso 20?

   B. ¿Qué ilustración usó Jesús en el verso 21 para describir sus promesas del verso 20? ¿Qué podemos aprender nosotros de esta ilustración?

   C. ¿Qué promesa hizo Jesús en el verso 22? ¿Cómo es cierta esta promesa? ¿Sobre qué está basada? ¿Cómo puede ésta ayudarnos hoy en día cuando usted se ve frente a la aflicción?

3. Leer 1 Pedro 1.3-9

A. ¿Qué gran bendición describe Pedro en los versos 3-4? ¿Usted comparte esta bendición? Explique.

B. ¿Qué tipo de protección se nos promete en el verso 5?

C. ¿La genuina fidelidad nos exime de la aflicción (v. 6)? ¿Por qué? o ¿Por qué no?

D. ¿Cómo los sufrimientos y las aflicciones traen crisis a la vida cristiana (v. 7)?

E. ¿Qué bendición viene a aquellos que creen en Cristo (v. 8)?

F. ¿Qué bendición trae la fe a aquellos que la ejercitan (v. 9)?

Viaje hacia adelante

1. Entreviste a alguien que usted conozca para que le dote en el arte de confortar a los afligidos. Busque a alguien a quien otros soliciten en tiempo de pérdida. Pregúntele qué hace en esos tiempos. ¿Qué aprendió?

2. Haga un estudio bíblico sobre las palabras lágrimas y llanto. ¿Qué aprendió?

12

Del pánico a la paz

La carga del temor

VIAJE HACIA ATRÁS

1. *¿Jesús tendido en tierra? ¿Con el rostro en el polvo? ¿Con los brazos extendidos, arrancando pasto? ¿El cuerpo que sube y baja en sollozos? ¿El rostro torcido, deformado como los olivos que le rodeaban? ¿Qué hacemos con esta imagen de Jesús? Simple. Nos volvemos a ella cuando nos sentimos igual.*

   A. Describa la última vez que usted se sintió de la manera en que Jesús es descrito.

   B. ¿Cómo nos ayuda esto para saber lo que Jesús sintió al estar de esta manera?

2. Cuando sientas pánico, no te fijes en la gente, fíjate en el claro. Buen consejo en el golf. Buen consejo para la vida. En vez de concentrarse en el temor, concentrarse en la solución.

   A. ¿Qué tipo de situación a usted más le atemoriza?

   B. Cuando usted se enfrenta a uno de esos sucesos atemorizantes, ¿cómo puede usted «centrarse en la salida»? ¿Qué «solución» puede usted visualizar?

3. *No eluda los huertos de Getsemaní de la vida. Entre en ellos. Pero no entre solo. Mientras esté allí, sea honesto. Se permite golpear el suelo. Se permiten las lágrimas. Y si su sudor se convierte en sangre, no será usted el primero. Haga lo que Jesús hizo: abra su corazón.*

   A. ¿Cómo tratamos nosotros de evitar los huertos de Getsemaní de la vida? Describa la última vez que usted trató de evitar uno.

B. ¿Es fácil o difícil para usted expresar emociones como estas? Explique.

4. *No midas la altura de la montaña; habla a aquel que la puede mover. En vez de llevar el mundo a tus espaldas, háblale al que sostiene el universo en las suyas. La esperanza es mirar hacia adelante.*

A. ¿Cómo a menudo nosotros tratamos de «medir la altura de la montaña»? ¿Por qué es una mala idea?

B. ¿Qué es esperar a «mirar a la distancia»? ¿Cómo puede la oración ayudar a restaurar nuestra esperanza? ¿Ayuda ésta a restaurar la de usted? Explique.

Viaje hacia arriba

1. Leer Salmo 56.3-4

A. ¿Cómo trata el salmista con sus propios temores? ¿Usted sigue su ejemplo? Explique.

B. ¿Por qué el salmista no es temeroso del «hombre mortal» (v. 4)? ¿Es esta una declaración de ignorancia o alguna cosa más? Explique.

2. Leer Isaías 41.10-14

A. ¿Por qué Dios le dice a Israel que no tema (v. 10)?

B. ¿Qué promesas hace Dios en los versos 11-12?

C. ¿Qué razón da Dios para su promesa en el verso 13?

D. ¿Qué orden y qué promesa da Dios en el verso 14? ¿Cómo puede su palabra animarlo a usted hoy?

3. Leer 1 Juan 4.16-19

A. ¿En qué deberíamos nosotros confiar cuando estamos asustados (v. 16)?

B. ¿Cómo describe Juan a Dios en el verso 16? ¿Qué diferencia hace esto?

C. ¿Cómo podemos nosotros tener «confianza para el día del juicio» (v. 17)?

D. ¿Qué antídoto para el temor nos da Juan en el verso 18? ¿Cómo trabaja este antídoto?

E. ¿Cómo podemos compartir este antídoto? ¿Cómo podemos mostrar que nosotros tenemos realmente el antídoto?

Viaje hacia adelante

1. En su diario escriba sobre la vez en que usted tuvo experiencias como las del «huerto». Explique que situación le llevó a usted allí, cómo se sintió, qué oraciones usted oró, y cómo Dios lo ministró.

2. Lea el *Libro de los mártires de Fox* para ver cómo muchos de los santos escogidos de Dios vencieron sus temores aún cuando ellos enfrentaron la muerte.

13

Noches silenciosas y días solitarios

La carga de la soledad

Viaje hacia atrás

1. *Ahora usted habrá aprendido que no tiene que estar solo para sentir la soledad.*

    A. ¿Cuál es la diferencia entre estar solo y sentirse solo?

    B. ¿Usted evita estar solo? Explique.

    C. ¿Cuán a menudo, en una semana normal, usted diría que se sintió solo?

2. *La soledad no es la ausencia de rostros. Es la ausencia de intimidad. La soledad no proviene de estar solo; proviene de sentirse solo.*

    A. ¿Cómo definiría usted la intimidad no sexual? ¿Con cuántos amigos puede usted hablar íntimamente? ¿Usted está satisfecho con este número? Explique.

    B. ¿Cómo trata usted con la soledad? ¿Cuando usted siente soledad qué hace?

3. *Podría ser que la soledad fuera no una maldición sino un don? ¿Un Don de Dios?...Me pregunto si la soledad no será la forma de Dios de llamar nuestra atención.*

    A. ¿Usted está de acuerdo en que la soledad puede ser un regalo de Dios? Explique.

    B. ¿Por qué podría Dios desear tener nuestra atención a través de la soledad? ¿Para qué podría Él desear llamar nuestra atención?

4. *Dios cambia la situación. Usted pasa de ser un solitario a ser amado.Cuando usted sabe que Dios lo ama, no se va a desesperar porque no tiene el amor de otros.*

  A. ¿Cómo lo asegura el amor de Dios para usted, personalmente, cambia algunas cosas?

  B. ¿El conocimiento del amor de Dios elimina la necesidad de amigos íntimos? Explique.

  C. ¿Cuál es la diferencia entre desear el amor de otros y estar desesperado por éste?

Viajar hacia arriba

1. Leer Salmo 88

  A. ¿Cómo describiría usted al hombre que escribió este Salmo?

  B. ¿Por qué piensa usted que Dios incluyó este Salmo en la Biblia?

  C. ¿Se ha sentido alguna vez como el salmista lo hizo en el verso 13-14? Explique.

  D. Muchos de los Salmos no finalizan como lo hace éste (v. 18). ¿Por qué usted piensa que éste finaliza como lo hace? ¿Es confortable para usted? Explique.

2. Leer Deuteronomio 31.6-8

  A. ¿Qué ordena Dios a los Israelitas en el verso 6? ¿Qué ánimo Él les da a ellos?

  B. ¿Por qué supone usted que Moisés repite a Josué tanto la orden como el aliento en los versos 7-8? ¿Qué le sugiere esto a usted sobre tratar con sus propios temores?

3. Leer Juan 14.16-18; Mateo 28.16-20

  A. ¿Qué ruego dijo Jesús que Él haría al Padre en Juan 14.16?

B. ¿Qué promesa hizo Jesús en Juan 14.18? ¿Cómo es completada esta promesa hoy?

C. ¿Cómo podemos nosotros tomar valor de las palabras de Jesús en Mateo 28.18?

D. ¿Qué ánimo podemos nosotros obtener de las palabras finales de Jesús en Mateo 28.20? ¿Está usted considerando esta promesa? ¿Por qué o por qué no?

Viaje hacia adelante

1. Examine su agenda, y encuentre un día entero en que usted pueda plancar cstar solamente usted y Dios. Vaya a un retiro, un lugar solitario, un lugar en el bosque, algún lugar donde usted pueda permanecer un tiempo a solas. Lleve su Biblia, y no haga otros planes más que permanecer el día a solas con Dios.

2. Trate de tener un grupo de sus amigos creyentes juntos, y de permanecer unas pocas horas visitando a algunos de los enfermos de la iglesia, en sus casas o en sus centros de cuidado. Alivie su soledad por un momento.

14

El gallo cantor y yo

La carga de la vergüenza

Viaje hacia atrás

1. *Nosotros nos hemos preguntado lo mismo. ¿Es Pedro la única persona que ha hecho lo que prometió que no haría jamás? «¡La infidelidad está detrás de mí!» «De ahora en adelante voy a poner freno a mi lengua». «No más tratos oscuros. He aprendido la lección». ¡Qué volumen el de nuestra jactancia! ¡Qué quebranto el de nuestra vergüenza!*

   A. Describa el tiempo cuando usted siguió el ejemplo de Pedro e hizo todas las cosas que usted prometió que nunca haría, ¿qué pasó?

   B. ¿Por qué usted piensa que nosotros nos empeñamos en tan necia jactancia? ¿Qué pensamos nosotros que ganaremos?

2. *Lloramos como Pedro lloró, y hacemos lo que Pedro hizo. Nos vamos a pescar. Volvemos a nuestra vida antigua. Volvemos a nuestras prácticas de antes que conociéramos a Jesús. Hacemos lo que viene en forma natural, en vez de hacer lo que viene en forma espiritual. Y dudamos que Jesús tenga un lugar para tipos como nosotros.*

   A. ¿Usted alguna vez a «vuelto a pescar» o vuelto a sus prácticas antes de Jesús, después de un fracaso espiritual? Si es así, ¿Cómo se sintió usted en ese tiempo?

   B. ¿Por qué preguntamos si Jesús tiene un lugar para la gente como nosotros? ¿Usted se ha sentido alguna de esa manera? Explique.

3. *Jesús preparó mesa en la presencia del enemigo. Permitió que Judas viera la cena, pero no le permitió quedarse.* No eres bienvenido. Esta mesa es para mis hijos. Puedes tentarlos. Puedes ponerles tropiezos. Pero nunca te sentarás con ellos. *Así tanto nos ama.*

   A. ¿Por qué piensa usted que Jesús permitió a Judas ver la cena? ¿Por qué no lo aisló ante la reunión de los discípulos?

   B. ¿Qué significa para usted personalmente la cena del Señor? ¿Qué pasa por su mente durante el servicio?

4. *El mismo Jesús que había preparado una cena para Pedro había preparado una para mí. El mismo Pastor que había triunfado sobre el diablo, triunfó nuevamente. El mismo Salvador que había encendido una fogata en la playa avivó unas pocas ascuas en mi corazón.* «Bebed de ella todos». *Y lo hice. Se siente bien al estar otra vez en la mesa.*

   A. ¿Por qué piensa usted que Jesús preparó alimento para Pedro, quien lo negó, pero no para Judas, quien lo traicionó? ¿Cuál fue la diferencia?

   B. ¿Cómo las historias de Pedro y Max muestran el verdadero arrepentimiento? ¿Cómo Jesús siempre responde al verdadero arrepentimiento? ¿Por qué es importante comprender esto?

Viaje hacia arriba

1. Leer Joel 2.25-27

   A. ¿Qué promesa hace Dios para su pueblo que se arrepiente (v. 25)?

   B. ¿Por qué piensa usted que Dios dice dos veces en los versos

26-27 que su pueblo nunca será avergonzado otra vez? ¿Por qué Dios cuida de librarnos de la vergüenza?

2. Leer 2 Timoteo 2.15-16

   A. ¿Qué instrucción es dada en el verso 15? ¿Cómo puede usted cumplir con esta orden?

   B. ¿Cómo podemos nosotros evitar ser avergonzados, de acuerdo al verso 15?

   C. ¿Cómo continúa el verso 16 para decirnos cómo evitar ser avergonzados?

3. Leer Hebreos 12.2-3

   A. ¿Qué nos instruye a hacer el verso 2? ¿Cómo puede esto mantenernos lejos de ser avergonzados?

   B. ¿Cómo Jesús reaccionó a la vergüenza de la cruz? ¿Por qué la cruz era una vergüenza?

   C. ¿Cómo somos nosotros beneficiados del ejemplo de Jesús en la cruz?

Viaje hacia adelante

1. Piense en la historia de Max y cómo la vergüenza lo mantuvo lejos de Dios. Sea honesto con usted mismo, y pregúntese si usted está tratando con alguna cosa similar. Si es así, siga el ejemplo de valentía de Max, y admita estas «cosas vergonzosas» para un confiable y buen amigo. Rompa el poder de ellas sobre usted a través de confesarlas y abandonarlas, y esté agradecido con la mesa del Señor una vez más.

2. Si usted tiene la oportunidad, asista a una conferencia o programa preparado por alguien que pueda explicar el significado mesiánico

de esta antigua comida hebrea. Enriquezca su apreciación de la cena del Señor.

15

Oveja resbalosa y heridas sanadas

La carga de la desilusión

Viaje hacia adelante

1. *Una desilusión es una ilusión frustrada. Lo que esperábamos que ocurriera, no ocurrió. Queríamos salud; obtuvimos enfermedad. Queríamos el retiro del empleo; conseguimos un traslado. El divorcio, en vez de familia. Despido, en vez de ascenso. ¿Y qué ahora? ¿Qué hacemos con nuestras desilusiones?*

    A. ¿Qué decepciones usted ha tenido que enfrentar recientemente?

    B. ¿Qué hace usted con sus decepciones?

2. *Como las ovejas, nosotros tenemos heridas, pero las nuestras son heridas del corazón que vienen de las desilusiones. Si no tenemos cuidado, las heridas llevan a la amargura. Y como las ovejas, necesitamos tratamiento.*

    A. ¿Cómo las repetidas decepciones conducen a la amargura?

    B. ¿Qué tipos de cosas han hecho que usted se amargue? ¿Cómo trató usted con la amargura?

3. *La mayor porción de nuestros problemas no son de proporciones similares al ataque de un león, sino más bien del enjambre de frustraciones y quebrantos del día a día.*

    A. ¿Qué cosas pequeñas de la vida tienden a frustrarlo más?

    B. ¿Qué ayuda puede usted ofrecerle a alguien que esté quebrantado o con dolores del corazón?

4. *Jesús cuida de sus ovejas. Y le cuidará a usted. Si usted se lo permite. ¿Cómo? ¿Cómo se lo permite? Los pasos son muy sencillos. Primero, acuda a Él. Segundo, asuma la postura correcta. Inclínese delante de Dios. Tercero, confíe en Él.*

   A. ¿Cómo puede usted «acudir a» Jesús? ¿Qué significa «acudir a» Él?

   B. ¿Por qué es necesario «inclinarse» a Dios? ¿Qué significa esto?

   C. ¿Qué quiere decir «confiar» en Dios? ¿Cómo hacemos eso, hablando prácticamente?

Viaje hacia arriba

1. Leer Salmo 22.2-5

   A. ¿Qué decepción sufrió David en el verso 2? ¿Se ha sentido alguna vez así? Explique.

   B. ¿Cómo combatió David sus decepciones en los versos 3-5?

   C. ¿Cuál fue el resultado de la confianza de los ancestros descrita en los versos 4-5? ¿Cómo nos anima a nosotros?

   D. Considere que este es el Salmo que Jesús citó cuando colgaba en la cruz. ¿Qué piensa usted que el Salmo le enseñó sobre la decepción?

2. Leer Romanos 5.1-5

   A. ¿Cómo nosotros ganamos paz con Dios (v. 1)?

   B. ¿Qué beneficio nos da esta paz (v. 2)? ¿Cómo debería esto hacernos sentir?

   C. ¿Qué relación tiene el esperar (vv. 3-5)?

   D. ¿Por qué la esperanza no nos decepciona (v. 5)? ¿Cómo los problemas del día a día nos afectan?

3. Leer Salmo 147.1-3

A. ¿Cómo trataron los israelitas con sus decepciones (v. 1)?

B. ¿Qué ánimo da Dios a su pueblo en el verso 3?

C. ¿Cómo piensa usted que Dios cura los corazones rotos? ¿Qué ha hecho Dios en su vida?

VIAJE HACIA ADELANTE

1. Haga una lista de sus decepciones más grandes en la vida. Escríbalas. Luego tome cada una, y presénteselas a Dios en oración. Nómbreselas explícitamente, una por una.

2. Haga un nuevo compromiso para involucrarse en una oración regular. Tómese el tiempo. Busque un lugar. Establezca un periodo específico. Prepare una lista de asuntos y agradecimientos para llevar a Dios, luego hágalo.

16

Sesión de mermelada

La carga de la envidia

Viaje hacia atrás

1. *Celosamente fija la mira sobre quien tiene más.*

   A. Describa el tiempo cuando usted sintió celos de alguien. ¿Qué lo impulsó a los celos?

   B. ¿Por qué la mayoría de nosotros desea «más»? ¿Qué nos impide estar satisfechos con lo que tenemos?

2. *Si el enfoque en la disminución de nuestras cosas conduce a la envidia, ¿qué pasaría si nos concentrásemos en las cosas interminables? Si la conciencia de lo que no tenemos lleva a los celos, ¿es posible que la conciencia de nuestra abundancia nos guíe al contentamiento?*

   A. Conteste ambas preguntas anteriores.

   B. Trate de detallar los «asuntos interminables» que usted posea. ¿Qué hay sobre su lista?

   C. Trate de enumerar su «abundancia». ¿Qué le dice esto sobre la provisión de Dios?

3. *Dios no es avaro con su gracia. Su copa podría estar baja en dinero o ropa, pero rebosa en misericordia. Usted podría no tener un estacionamiento de lujo, pero usted tiene suficiente perdón.*

   A. ¿Cuán a menudo usted pondera la gracia de Dios para con usted? ¿Y su misericordia?

B. ¿Cómo ha sido la gracia de Dios para con usted esta semana? ¿este mes? ¿este año?

4. *Una cosa es cierta.Cuando venga la tormenta final, usted estará seguro en la casa de su Padre, usted no echará de menos lo que Él no le dio. Usted estará maravillado de lo que le dio.*

A. Trate de imaginar el día que usted llegue seguro a la casa de su Padre. Mire alrededor. ¿Qué le ha dado a usted?

B. ¿Cómo puede el meditar sobre su futuro eterno con Dios ayudarle a usted a tratar con lo que existe hoy?

Viaje hacia arriba

1. Leer Proverbios 14.30;23.17

A. ¿Con qué contrasta Proverbio 14.30 la envidia? ¿Qué significa esto?

B. ¿En qué manera los creyentes a veces envidian a los «pecadores» (Proverbios 23.17)?

C. ¿Qué significa «persevera en el temor de Jehová»?

2. Leer Santiago 3.13-4.5

A. ¿Qué contrasta Santiago en el verso 13 con los «celos amargos» en el verso 14?

B. ¿De dónde viene la celos (v. 15)?

C. ¿Qué acompaña siempre a la celos (v. 16)?

D. ¿Qué cosas combaten y se disputan entre los hermanos espirituales (4.1)?

E. Dios mismo es mencionado en Santiago 4.5 por los «celos». ¿Cómo difiere esto de la celos humanos?

3. Leer Tito 3.3-7

A. ¿Cómo describe Pablo su vida antes del cristianismo (v. 3)? ¿Qué envidiaba?

B. ¿Cómo Dios nos libera de la envidia (vv. 4-5)?

C. ¿En qué magnitud Dios derrama su Santo Espíritu sobre nosotros (v. 6)? ¿Cómo Él influye para cortar la envidia de raíz?

D. ¿Cuál fue el propósito de Dios al salvarnos (v. 7)? ¿Cómo puede meditar sobre la verdadera destrucción de la envidia?

VIAJE HACIA ADELANTE

1. Dibuje una línea en una hoja de papel, para crear dos columnas. Sobre el lado izquierdo, enumere en qué Dios lo ha suplido en abundancia y, si es posible, incluya una referencia de las Escrituras. Por ejemplo, en la columna izquierda usted podría escribir «yo lo deseaba, y ahora tengo mejor salud», y al frente de esto, en la columna derecha, usted podría decir «Dios me dará un cuerpo glorioso y eterno» (Filipenses 3.20-21).

2. Haga una cita para servir el almuerzo en un local de misiones. Trate de no programar su visita en día de gracias. Y esté agradecido por lo que Dios le ha dado.

17

La amorosa búsqueda de Dios

La carga de la duda

Viaje hacia atrás

1. *Y cuando Jesús nos encontró, nosotros actuamos como Eric. Nuestras limitaciones no nos permitieron reconocer a quien venía para salvarnos. Nosotros dudamos de su presencia y a veces, todavía lo hacemos.*

   A. ¿Usted duda de la presencia de Dios? Si es así, ¿Por qué?

   B. ¿Cómo nuestras limitaciones no nos permiten reconocer a quien viene a salvarnos? ¿Cómo podemos nosotros vencer esas limitaciones?

2. *Si el Señor es el pastor que guía el rebaño, el bien y la misericordia son los dos perros pastores que guardan el redil del rebaño.*

   A. ¿Cómo el «bien» difiere de la «misericordia»? ¿Cómo son ellos lo mismo?

   B. ¿En qué área de su vida usted necesita más de la bondad y la misericordia de Dios? ¿Por qué usted no se toma el tiempo para hablarle a Él de sus necesidades?

3. *Confíe en su fe y no en sus sentimientos...Mida su valor por los ojos de Dios, no a través de los suyos...Vea el cuadro completo, no una parte.*

   A. ¿Cómo nosotros a veces confiamos en nuestros sentimientos y no en nuestra fe? ¿Cómo podemos parar de cometer estos errores?

B. Tome unos pocos minutos para describir su valor en los ojos de Dios. ¿Qué ha dicho Él sobre usted en la Biblia?

C. ¿Cómo podemos ver el cuadro completo, y no una parte?

4. *Y lo mejor de todo, Dios se da a sí mismo. Aun cuando nosotros escogemos nuestra casita antes que su casa y nuestra basura antes que su gracia, aun así Él nos sigue. Nunca nos fuerza. Nunca nos deja. Persiste pacientemente. Está presente fielmente. Usando todo su poder nos convence que Él es el que es, y que puede ser confiable para guiarnos a casa.*

A. ¿Cómo usted sabe que Dios se ha dado a sí mismo? ¿Cómo puede usted estar seguro de eso?

B. ¿Cómo Dios ha usado su poder para convencerlo a usted que Él es quien es? ¿Qué es lo que más le convence a usted que Dios puede ser confiable para guiarle a casa?

Viaje hacia arriba

1. Leer Santiago 1.5-8

A. ¿A quién va dirigido el verso 5? ¿Usted califica? Explique.

B. ¿Qué promesa nos hace el verso 5?

C. ¿Qué condición es establecida en el verso 6 para la promesa del verso 5?

D. ¿Con qué compara Santiago a alguien que duda de la promesa de Dios? ¿Por qué es esta imagen apropiada?

E. ¿Qué advertencia es dada en el verso 7 y 8? ¿En qué forma son estos individuos de «doble ánimo»? ¿Cómo puede uno corregir tan serio problema?

2. Leer Judas vv. 20-22

A. ¿Qué instrucción es dada en el verso 20? ¿Cómo podemos seguir esta instrucción?

B. ¿Qué instrucción es dada en el verso 21? ¿Qué evento futuro nos anima a seguir esta instrucción?

C. ¿Qué instrucción es dada en el verso 22? ¿Por qué usted piensa que la orden fue dada? ¿Cómo podemos nosotros cumplir con esta orden?

3. Leer Romanos 14.19-23

A. Describa la orden en el verso 19. ¿Cuál es el propósito de esta orden? ¿Cómo usted completará esto? Explique.

B. ¿Cómo es posible destruir algo por el amor a la comida (v. 20)?

C. ¿Cómo el verso 21 se relaciona con la duda?

D. ¿Qué orden es dada en el verso 22? ¿Qué bendición es disponible? ¿Qué significa esta bendición?

E. ¿Cómo el verso 23 es una efectiva línea de conducta para la vida entera cristiana? ¿Qué regla es presentada aquí?

Viaje hacia adelante

1. Dése cuenta que hay una gran diferencia entre duda y pregunta. Duda es no creer en las promesas y el carácter bueno de Dios; preguntar meramente es desear saber cómo Dios podría terminar alguna hazaña increíble. Tenga un «sentir» por la diferencia entre duda y preguntas, estudie las diferentes maneras en que Dios respondió a Zacarías en Lucas 1.5-20 y María en Lucas 1.26-38. Ellos hicieron similares preguntas («¿En qué conoceré esto?» o «¿Cómo será esto?») al considerar embarazos milagrosos, pero uno fue juzgado y el otro bendecido. ¿Por qué?

2. Lea el libro de Os Guinness, *Dios en la oscuridad* para una clara y provechosa discusión sobre la duda.

18

Casi el cielo

La carga de la nostalgia por el hogar

Viaje hacia atrás

1. *Los imprevistos y las vueltas de la vida tienen una manera de recordarnos que aquí no estamos en casa. Esta no es nuestra tierra. No estamos familiarizados con el lenguaje de la enfermedad y la muerte. La cultura confunde el corazón, el ruido interrumpe nuestro sueño, y nos sentimos lejos de casa. Y, ¿sabe que? Eso está bien.*

    A. ¿Por qué nosotros a menudo olvidamos que este no es nuestro hogar real?

    B. ¿En qué manera usted se siente como un extraño sobre esta tierra? ¿Está usted bien con eso? Explique.

2. *La nostalgia es una de las cargas que a Dios no le importa si la llevamos. Nosotros...estamos en preparación para otra casa. Y nosotros...sabemos que no estamos allá aún.*

    A. ¿Usted se siente «nostálgico» por el cielo? Explique.

    B. ¿Cómo está Dios preparándolo a usted para «otro hogar»?

3. *La más grande calamidad no es sentirse lejos de casa, cuando usted lo está; sino sentirse como en casa cuando usted no lo está.*

    A. ¿Podría ser que muchas de las decepciones que nosotros sentimos en la vida vienen de tratar de sentirse bien en casa cuando nosotros no estamos en ella? Explique.

    B. ¿Cómo podemos nosotros protegernos contra el sentirse en

casa en este mundo? Nombre varias cosas prácticas que nosotros podemos hacer.

4. *Cada arruga y cada fastidio es un paso más cerca del último paso, cuando*
Jesús cambie nuestros cuerpos comunes en cuerpos eternos. No más dolor.
No más depresión. No más enfermedad. No más fin.

A. ¿Cómo su propio cuerpo le recuerda a usted que éste no es su
casa eterna?

B. ¿Cómo respondería usted a alguien que le dice que su deseo
por un cuerpo eterno e indoloro es meramente un pensamiento deseable y que estaría mejor obteniendo todo el placer que
pueda?

Viaje hacia arriba

1. Lea Filipenses 1.20-23

A. Describa la firme expectativa de Pablo en el v. 20. ¿Qué desafío
enfrentaba?

B. En sus propias palabras, explique lo que Pablo quiso decir en
el v. 21.

C. Describa el dilema de Pablo en el v. 22. ¿Por qué estaba tan di-
vidido?

D. ¿Qué quiere decir Pablo por «partir» en el v. 23? ¿Partir hacia
dónde? ¿Por qué esto sería mejor?

2. Lea Filipenses 3.17-4.1

A. ¿Cómo describe Pablo a los enemigos de Cristo en los vv. 18-
19? ¿Qué rasgos los caracterizan?

B. Describa el principal contraste de estas personas con los creyentes en Cristo (v. 20).

C. ¿A quién esperan los cristianos (vv. 20-21)? ¿Qué esperan que Él haga? (v. 20).

D. ¿Qué efecto debería tener sobre los creyentes la meditación en esta verdad (4.1)? ¿Tiene dicho efecto en usted? Explique.

3. Lea 1 Corintios 15.50-57.

A. ¿Cuáles son los dos contrastes que Pablo hace en el versículo 50? ¿Por qué debería esto importarnos a nosotros? ¿Por qué es importante?

B. ¿Qué secreto o misterio describe Pablo en los versículos 51-52?

C. ¿Qué clase de «vestidura» usarán los creyentes en el cielo (v. 53)? ¿Por qué esto tiene importancia?

D. Escriba el mensaje de los versículos 54-57 en sus propias palabras. Imagine que escribe esta situación para un niño de ocho años.

E. ¿Siente nostalgia por su hogar? ¿Por qué sí? o ¿por qué no?

VIAJE HACIA ADELANTE

1. Haga un estudio en los cuatro evangelios y en el libro de Hechos acerca del cuerpo resucitado del Señor Jesús. Descríbalo. Luego, entienda que ¡nuestro cuerpo resucitado será similar y actuará en la misma forma!

2. Lea el libro *Heaven* de Joni Eareckson Tada. Joni ha vivido en una silla de ruedas durante décadas desde que sufrió un accidente de buceo a la edad de diecisiete años, de modo que expresa una visión única y poderosa del cielo.

Gracia para el momento

GRACIA

PARA EL MOMENTO

Pensamientos
Inspiradores
para cada día del año

Max Lucado

«Este hermoso libro incluye 365 lecturas
extraídas de sus numerosos libros de
mayor venta combinadas con La Palabra
de Dios, lo cual te daran esperanza en
cada momento de tu día.»

www.caribebetania.com

Otros libros de Max Lucado

www.caribebetania.com

Libros Para Niños de
Max Lucado

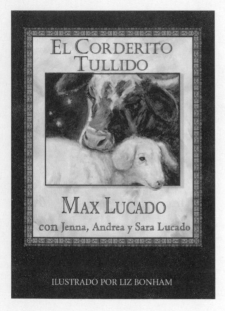

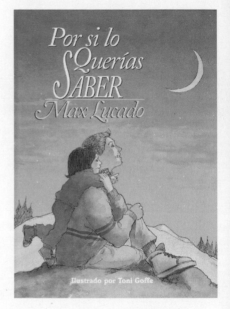

www.caribebetania.com